REZEPTBUCH TROPISCHER FIDSCHI-AROMEN

Erleben Sie die einzigartige Geschmacksverschmelzung, die die fidschianische Küche ausmacht

Don Dietrich

Urheberrechte © Material ©2023

Alle Rechte Reserviert .

NEIN Teil von Das Buch Mai Sei gebraucht oder übermittelt In beliebig bilden oder von beliebig bedeutet ohne Die richtig geschrieben Zustimmung von Die Herausgeber Und Urheberrechte © Eigentümer, außer für knapp Zitate gebraucht In A Rezension. Das Buch sollen nicht Sei berücksichtigt A Ersatz für medizinisch, legal, oder andere Fachmann Beratung.

INHALTSVERZEICHNIS

INHALTSVERZEICHNIS..3
EINFÜHRUNG...7
FRÜHSTÜCK..8
1. Fidschianische Kokosnussbrötchen.............................9
2. Fidschianisches Kokosnussbrot................................12
3. Fidschi-Honigkuchen...14
4. Fidschi-Puddingkuchen...17
5. Lovo...20
6. Parāoa Parai (glutenfreies Bratbrot)........................22
7. Fidschianische Bananenpfannkuchen.....................25
8. French Toast im fidschianischen Stil.......................27
9. Crêpes aus Kichererbsenmehl..................................29
10. Weizencreme-Crêpes..32
VORSPEISEN..35
11. Fidschianisches Kokosnuss-Ceviche......................36
12. Fidschianische Taro-Kokos-Knödel.......................39
13. Fidschianische Cassava-Chips................................41
14. Fidschianische Hühnchen-Samosas......................43
15. Fidschianische Fisch-Curry-Puffs..........................45
16. Fidschi-Kokosgarnelen...47
17. Fidschianische gewürzte geröstete Nüsse...........49
HAUPTKURS..51
18. Gebratener Reis aus Fidschi...................................52
19. Fidschianisches Chicken Chop Suey....................54
20. Fidschianisches gegrilltes Mahi Mahi..................57
21. Gegrilltes Hähnchen im unterirdischen Ofen....60
22. Fidschi-Krake geschmort in Kokosnusscreme...63
23. Fidschi-Kokosfisch mit Spinat und Reis..............66
Currys und Suppen..69
24. Fidschianisches Hühnchen-Tomaten-Kartoffel-Curry. 70
25. Fidschianisches Krabben-Curry.............................73
26. Fidschianische Currygarnelen................................76

27. Maniok-Kokos-Curry...79
28. Fidschianisches Entencurry..................................82
29. Fidschianisches Fischcurry..................................85
30. Fidschianisches Ziegencurry................................88
31. Fidschianische Taro-Spinat-Suppe.....................91
32. Fidschi-Lammeintopf..93
33. Fidschianisches Kürbis-Grünkohl-Curry............96
34. Fidschianisches Spinat- Linsen -Curry..............98
35. Fidschianisches Linsen-Chipotle-Curry..........100
36. Fidschianisches Bohnen-Senf-Curry................102
37. Fidschianisches Curry mit weißen Bohnen und Reis..104
38. Fidschianische rote Quinoa mit Kartoffeln.....106
39. Rote Linsen mit Fidschi- Curry.........................109
40. Fidschianisches Schwarzaugen-Erbsen-Curry............112
41. Fidschianisches Kichererbsen-Curry................114
42. Fidschianische Kokosnuss -Linsenmischung...............117
43. Fidschianisches Tomaten - Rüben-Suppen -Curry.....120
44. Fidschianische Kürbis - Kokos-Suppe..............122
45. Fidschianische Kurkuma -Blumenkohlsuppe............124
46. Fidschi- würziger Lammeintopf........................127
47. Fidschianische rote Linsensuppe.....................130
48. Fidschianisches Butter-Hühnchen -Curry........133
49. Fidschianisches gehacktes Hühnchen-Chili...............136
50. Fidschianisches Hühnchen - Spinat-Curry..................139
51. Fidschianische Curry-Kokosgarnelen..............142
52. Fidschianisches L und Vindaloo Fusion.........145
53. Fidschianisches Kokosnuss-Rindfleisch-Curry............148
Beilagen und Salate...150
54. Roti (fidschianisches Fladenbrot)......................151
55. Fidschianische gedämpfte Kokosnuss und Maniok.....153
56. Fidschianische gekochte Taroblätter und Kokoscreme
....155
57. Fidschianische Seetraube...................................157
58. Fidschianische geröstete Auberginen mit Kräutern....159
59. Fidschi-Rohfischsalat (Kokoda)........................161

60. Fidschianisches Kokosnuss -Roti...................................164
61. Fidschi-grüner Papaya-Salat...167
62. Fidschi-Ananas-Gurken-Salat..169
63. Fidschianisches Creme-Taro (Taro in Kokosnusscreme)
....171
GEWÜRZE...173
64. Fidschianisches würziges Tamarinden-Chutney..........174
65. Ingwer Knoblauch-Paste...176
66. Fidschianische scharfe Pfeffersauce (Buka, Buka)......178
67. Fidschi-Tamarinden-Dip...180
68. Fidschi-Kokosnuss-Sambal...182
69. Fidschianische Taro-Blatt-Sauce (Rourou Vakasoso).184
70. Eingelegte fidschianische Mango (Toroi)......................186
71. Fidschianisches Chili-Mango-Chutney..........................188
72. Fidschianisches Koriander-Limetten-Chutney............190
73. Fidschianische Ananassalsa..192
NACHTISCH..194
74. Fidschi-Bananenkuchen..195
75. Fidschi-Maniok-Kuchen..198
76. Fidschianische Raita..200
77. In Kokosnuss gekochte fidschianische Kochbananen. 202
78. Fidschi-Ananaskuchen...204
79. Puddingkuchen nach Fidschi-Art mit Toppings...........206
80. Fidschi-Bananen-Tapioka-Pudding................................209
81. Fidschi-Ananas-Kokos-Trifle..211
82. Fidschianische Kokosnusstarte (Tavola).......................213
83. Fidschi-Bananen-Kokos-Pudding...................................215
84. Fidschianische Taro- und Kokosnussbällchen (Kokoda Maravu)..217
85. Fidschianisches Ananas- und Bananenbrot..................219
GETRÄNKE...221
86. Fidschianisches Kava-Wurzelgetränk............................222
87. Fidschi-Bananen-Smoothie...224
88. Fidschi-Ananas-Punsch...226
89. Fidschi-Kokosnuss-Rum-Cocktail..................................228

90. Fidschianisches Ingwerbier...230
91. Fidschianische Papaya Lassi...232
92. Fidschi-Rum-Punsch...234
93. Fidschi-Ananas-Kokos-Smoothie.....................................236
94. Fidschianisches Mango-Lassi...238
95. Fidschi-Kokos-Mojito..240
96. Fidschi-Ingwer-Zitronengras-Tee......................................242
97. Fidschiischer Tamarindenkühler.......................................244
98. Fidschianische Kava Colada...246
99. Fidschi-Wassermelonen-Minz-Kühler................................248
100. Fidschianischer Passionscocktail.....................................250
ABSCHLUSS..252

EINFÜHRUNG

Willkommen bei „REZEPTBUCH TROPISCHER FIDSCHI-AROMEN." Fidschi, ein Juwel im Herzen des Südpazifiks, bietet nicht nur atemberaubende Naturschönheiten, sondern auch eine reiche und vielfältige kulinarische Tradition, die die lebendige Kultur und Geschichte der Inseln widerspiegelt.

Auf den folgenden Seiten laden wir Sie ein, sich auf ein gastronomisches Abenteuer einzulassen und die einzigartige Geschmackskombination zu erkunden, die die fidschianische Küche ausmacht. Von den Küsten von Viti Levu bis zu den abgelegenen Dörfern von Vanua Levu spiegelt die fidschianische Küche die kulturelle Vielfalt des Landes wider und zeichnet sich durch frische Meeresfrüchte, tropische Früchte, aromatische Gewürze und traditionelle Kochmethoden wie Lovo, den Erdofen, aus.

Dieses Kochbuch ist Ihr Schlüssel, um die Geheimnisse der fidschianischen Küche zu lüften, egal ob Sie ein erfahrener Koch oder ein begeisterter Hobbykoch sind. Gemeinsam tauchen wir in die kulinarischen Traditionen Fidschis ein, entdecken wertvolle Familienrezepte und passen sie an Ihre eigene Küche an. Schnappen Sie sich also Ihre Zutaten, genießen Sie die tropische Atmosphäre und beginnen Sie diese geschmackvolle Reise durch die Geschmäcker Fidschis.

FRÜHSTÜCK

1. Fidschianische Kokosnussbrötchen

ZUTATEN:
- 3 Tassen Allzweckmehl
- 1/4 Tasse Kristallzucker
- 1 Päckchen (7 g) Instant-Trockenhefe
- 1/2 Teelöffel Salz
- 1/2 Tasse warmes Wasser
- 1/2 Tasse Kokosmilch
- 1/4 Tasse Pflanzenöl
- 1 Teelöffel Vanilleextrakt
- Kokosraspeln (optional, zum Garnieren)

ANWEISUNGEN:
a) Mischen Sie in einer großen Schüssel Allzweckmehl, Kristallzucker, Instant-Trockenhefe und Salz.

b) In einer separaten Schüssel warmes Wasser, Kokosmilch, Pflanzenöl und Vanilleextrakt vermischen.

c) Geben Sie nach und nach die feuchten Zutaten zu den trockenen Zutaten und kneten Sie den Teig, bis er glatt und elastisch ist. Sie können eine Küchenmaschine mit Knethakenaufsatz verwenden oder mit der Hand auf einer bemehlten Oberfläche kneten.

d) Geben Sie den Teig in eine gefettete Schüssel, decken Sie ihn mit einem feuchten Tuch ab und lassen Sie ihn an einem warmen Ort etwa 1 Stunde lang gehen, bis er sein Volumen verdoppelt hat.

e) Heizen Sie Ihren Backofen auf 350 °F (175 °C) vor.

f) Den aufgegangenen Teig ausstanzen und in kleine Kugeln teilen.

g) Legen Sie die Kugeln auf ein mit Backpapier ausgelegtes Backblech.

h) Optional: Bestreichen Sie die Oberseite der Brötchen mit etwas Kokosmilch und streuen Sie Kokosraspeln darüber.

i) Im vorgeheizten Backofen etwa 15-20 Minuten backen oder bis die Brötchen goldbraun sind.

j) Aus dem Ofen nehmen und die Fidschi-Kokosnussbrötchen vor dem Servieren etwas abkühlen lassen.

2. Fidschianisches Kokosnussbrot

ZUTATEN:
- 3 Tassen Allzweckmehl
- 2 Teelöffel Backpulver
- 1/2 Teelöffel Salz
- 1/2 Tasse Kristallzucker
- 1 Tasse Kokosraspeln (ungesüßt)
- 1 1/4 Tassen Kokosmilch
- 1/4 Tasse Pflanzenöl
- 1 Teelöffel Vanilleextrakt

ANWEISUNGEN:
a) Heizen Sie Ihren Backofen auf 350 °F (175 °C) vor. Eine Kastenform einfetten.
b) In einer großen Schüssel Allzweckmehl, Backpulver, Salz, Kristallzucker und Kokosraspeln verrühren.
c) Mischen Sie in einer separaten Schüssel Kokosmilch, Pflanzenöl und Vanilleextrakt.
d) Geben Sie nach und nach die feuchten Zutaten zu den trockenen Zutaten hinzu und rühren Sie, bis alles gut vermischt ist. Achten Sie darauf, nicht zu viel zu mischen.
e) Den Teig in die gefettete Kastenform füllen.
f) Im vorgeheizten Ofen etwa 45-50 Minuten backen oder bis ein in die Mitte gesteckter Zahnstocher sauber herauskommt.
g) Lassen Sie das Kokosbrot 10 Minuten in der Pfanne abkühlen, bevor Sie es zum vollständigen Abkühlen auf einen Rost legen.
h) Schneiden Sie das fidschianische Kokosnussbrot in Scheiben und genießen Sie es mit Butter oder Ihren Lieblingsaufstrichen.

3. Fidschi-Honigkuchen

ZUTATEN:

- 2 Tassen Allzweckmehl
- 1 Teelöffel Backpulver
- 1/2 Teelöffel Backpulver
- 1/4 Teelöffel Salz
- 1 Teelöffel gemahlener Zimt
- 1/2 Teelöffel gemahlene Muskatnuss
- 1/2 Tasse ungesalzene Butter, weich
- 1/2 Tasse Kristallzucker
- 1/2 Tasse Honig
- 2 große Eier
- 1 Tasse Naturjoghurt
- 1 Teelöffel Vanilleextrakt
- Honigglasur (optional, zum Beträufeln)

ANWEISUNGEN:

a) Heizen Sie Ihren Backofen auf 350 °F (175 °C) vor. Eine 9 x 13 Zoll große Auflaufform einfetten und bemehlen.

b) In einer mittelgroßen Schüssel Allzweckmehl, Backpulver, Natron, Salz, gemahlenen Zimt und gemahlene Muskatnuss verrühren.

c) In einer separaten großen Schüssel die weiche Butter und den Kristallzucker cremig rühren, bis sie leicht und locker sind.

d) Honig und Eier nacheinander unterrühren, bis alles gut vermischt ist.

e) Den Naturjoghurt und den Vanilleextrakt zu den feuchten Zutaten geben und glatt rühren.

f) Geben Sie nach und nach die trockene Mehlmischung zu den feuchten Zutaten und rühren Sie, bis alles gut vermischt ist. Achten Sie darauf, nicht zu viel zu mischen.
g) Den Teig in die vorbereitete Auflaufform füllen und gleichmäßig verteilen.
h) Im vorgeheizten Ofen etwa 25-30 Minuten backen oder bis ein in die Mitte gesteckter Zahnstocher sauber herauskommt.
i) Optional: Für mehr Süße und Glanz Honigglasur über den warmen Kuchen träufeln.
j) Lassen Sie den Fidschi-Honigkuchen abkühlen, bevor Sie ihn in Scheiben schneiden und servieren.

4. Fidschi-Puddingkuchen

ZUTATEN:
- 1 Tasse Allzweckmehl
- 1/2 Tasse Kristallzucker
- 2 Teelöffel Backpulver
- 1/4 Teelöffel Salz
- 1/2 Tasse Milch
- 2 Esslöffel ungesalzene Butter, geschmolzen
- 1 Teelöffel Vanilleextrakt
- 1/2 Tasse brauner Zucker
- 1/2 Tasse gehackte Nüsse (z. B. Walnüsse oder Pekannüsse)
- 1 Tasse kochendes Wasser
- Schlagsahne oder Eis zum Servieren (optional)

ANWEISUNGEN:
a) Heizen Sie Ihren Backofen auf 350 °F (175 °C) vor. Eine 9 x 9 Zoll große Auflaufform einfetten.
b) Mischen Sie in einer mittelgroßen Schüssel Allzweckmehl, Kristallzucker, Backpulver und Salz.
c) Milch, geschmolzene Butter und Vanilleextrakt unterrühren, bis ein glatter Teig entsteht.
d) Den Teig gleichmäßig in der vorbereiteten Auflaufform verteilen.
e) In einer separaten Schüssel den braunen Zucker und die gehackten Nüsse vermischen.
f) Streuen Sie die Mischung aus braunem Zucker und Nüssen über den Teig in der Auflaufform.
g) Gießen Sie das kochende Wasser vorsichtig gleichmäßig über die Mischung in der Auflaufform. Nicht umrühren.

h) Im vorgeheizten Ofen etwa 30-35 Minuten backen oder bis der Kuchen goldbraun ist und ein in den Kuchenteil gesteckter Zahnstocher sauber herauskommt.
i) Lassen Sie den Fidschi-Pudding-Kuchen vor dem Servieren etwas abkühlen.
j) Warm mit Schlagsahne oder Eis servieren, falls gewünscht, für ein köstliches Dessert.

5. Lovo

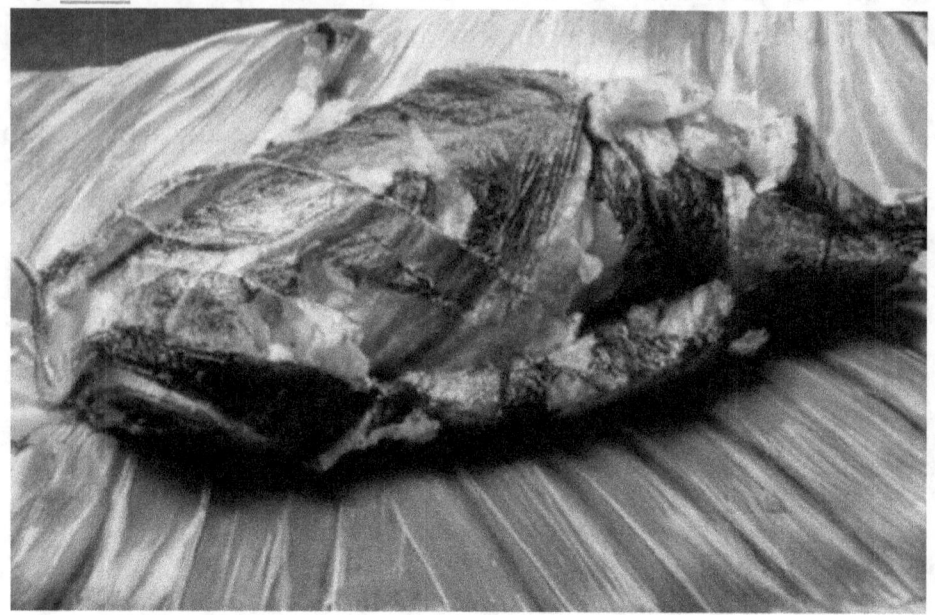

ZUTATEN:

- Maniok
- Taro-Wurzel
- Süßkartoffeln
- Maiskolben
- Kokosmilch

ANWEISUNGEN:

a) Maniok, Tarowurzel, Süßkartoffeln und Mais in Bananenblätter wickeln.
b) Legen Sie das eingewickelte Gemüse in einen unterirdischen Ofen (lovo) oder einen normalen Ofen bei 350 °F (180 °C).
c) 1-2 Stunden backen, bis das Gemüse weich ist.
d) Mit frisch gepresster Kokosmilch servieren.

6. Parāoa Parai (glutenfreies Bratbrot)

ZUTATEN:
- 250 g gesunde Brotmischung
- 8 g aktive Trockenhefe
- 15g Zucker oder Honig
- ½ TL Salz
- 300 ml Wasser – leicht warm

ANWEISUNGEN:
a) Alle Zutaten miteinander vermischen, bis ein Teig entsteht.
b) Vorsichtig zu einer Kugel verkneten, dann in einer Schüssel belassen und mit einem Geschirrtuch abdecken. Gehen lassen, bis sich das Volumen verdoppelt hat, ca. 1 Stunde, das macht nichts, wenn man es etwas länger stehen lässt, man möchte es hell und luftig haben.
c) Den aufgegangenen Teig aus der Schüssel nehmen und auf eine leicht bemehlte Arbeitsfläche legen. Rollen Sie den Teig vorsichtig auf eine Dicke von 15 mm aus und schneiden Sie ihn in 6 x 6 cm große Quadrate.
d) Einen mittelgroßen Topf mit Öl auf 165 °C erhitzen. Stellen Sie das Öl so tief ein, dass der Teig den Boden nicht berührt und beim Kochen schwimmen kann.
e) TIPP: Um zu prüfen, ob die Temperatur hoch genug ist, tauchen Sie das Ende eines Holzlöffels in das Öl. Wenn es Blasen bildet, ist das Öl fertig. Das Öl ist zu heiß, wenn der Teig zu schnell goldbraun wird und das Innere noch teigig/ungebacken ist.
f) Geben Sie den Teig vorsichtig portionsweise in das heiße Öl und backen Sie ihn ca. 30 Sekunden pro Seite. Nach dem Garen aus dem Öl nehmen und auf eine mit

Küchenpapier ausgelegte Schüssel geben. Vor dem Servieren 5 Minuten ruhen lassen.

7. Fidschianische Bananenpfannkuchen

ZUTATEN:
- 2 reife Bananen, zerdrückt
- 1 Tasse Allzweckmehl
- 1 TL Backpulver
- 1/2 Tasse Milch
- 1 Ei
- 2 EL Zucker
- Butter oder Öl zum Kochen

ANWEISUNGEN:
a) In einer Schüssel zerdrückte Bananen, Mehl, Backpulver, Milch, Ei und Zucker vermischen. Mischen, bis ein glatter Teig entsteht.
b) Eine Bratpfanne oder Bratpfanne bei mittlerer Hitze erhitzen und etwas Butter oder Öl hinzufügen.
c) Gießen Sie kleine Portionen des Teigs in die Pfanne, um Pfannkuchen zu backen.
d) Kochen, bis sich auf der Oberfläche Blasen bilden, dann umdrehen und auf der anderen Seite goldbraun braten.
e) Servieren Sie Ihre fidschianischen Bananenpfannkuchen mit Honig oder Sirup.

8. French Toast im fidschianischen Stil

ZUTATEN:
- 4 Scheiben Brot
- 2 Eier
- 1/2 Tasse Kokosmilch
- 2 EL Zucker
- 1/4 TL Zimt
- Butter zum Braten

ANWEISUNGEN:
a) In einer flachen Schüssel Eier, Kokosmilch, Zucker und Zimt verquirlen.
b) Eine Bratpfanne oder Bratpfanne bei mittlerer Hitze erhitzen und etwas Butter hinzufügen.
c) Tauchen Sie jede Brotscheibe in die Eimischung und bestreichen Sie beide Seiten damit.
d) Legen Sie das bestrichene Brot in die Pfanne und braten Sie es auf jeder Seite goldbraun.
e) Servieren Sie Ihren French Toast im fidschianischen Stil mit Honig oder Sirup.

9. Crêpes aus Kichererbsenmehl

ZUTATEN:

- 2 Tassen (184 g) Gramm (Kichererbsen-)Mehl (Besan)
- 1½ Tassen (356 g) Wasser
- 1 kleine Zwiebel, geschält und gehackt (ca. ½ Tasse [75 g])
- 1 Stück Ingwerwurzel, geschält und gerieben oder gehackt
- 1-3 grüne Thai-, Serrano- oder Cayennepfeffer-Chilis, gehackt
- ¼ Tasse (7 g) getrocknete Bockshornkleeblätter (Kasoori Methi)
- ½ Tasse (8 g) frischer Koriander, gehackt
- 1 Teelöffel grobes Meersalz
- ½ Teelöffel gemahlener Koriander
- ½ Teelöffel Kurkumapulver
- 1 Teelöffel rotes Chilipulver oder Cayennepfefferöl zum Braten

ANWEISUNGEN:

a) In einer tiefen Schüssel Mehl und Wasser glatt rühren. Ich beginne gerne mit einem Schneebesen und zerkleinere dann mit der Rückseite eines Löffels die kleinen Mehlklumpen, die sich normalerweise bilden.
b) Lassen Sie die Mischung mindestens 20 Minuten ruhen.
c) Die restlichen Zutaten außer dem Öl hinzufügen und gut vermischen.
d) Eine Grillplatte bei mittlerer bis hoher Hitze erhitzen.
e) Geben Sie einen halben Teelöffel Öl hinzu und verteilen Sie es mit der Rückseite eines Löffels oder eines Papiertuchs auf der Grillplatte. Sie können auch ein

Kochspray verwenden, um die Pfanne gleichmäßig zu beschichten.

f) Gießen Sie mit einer Schöpfkelle ¼ Tasse (59 ml) des Teigs in die Mitte der Pfanne. Verteilen Sie den Teig mit der Rückseite der Schöpfkelle in kreisenden Bewegungen im Uhrzeigersinn von der Mitte zur Außenseite der Pfanne, sodass ein dünner, runder Pfannkuchen mit einem Durchmesser von etwa 12,5 cm entsteht.

g) Kochen Sie die Poora etwa 2 Minuten lang, bis sie auf einer Seite leicht braun ist, und drehen Sie sie dann um, um sie auf der anderen Seite zu braten. Drücken Sie mit dem Spatel nach unten, um sicherzustellen, dass auch die Mitte durchgegart ist.

h) Kochen Sie den restlichen Teig und fügen Sie nach Bedarf Öl hinzu, um ein Ankleben zu verhindern.

i) Mit einer Beilage meines Minz- oder Pfirsich-Chutneys servieren.

10. Weizencreme-Crêpes

ZUTATEN:

- 3 Tassen (534 g) Weizencreme (Sooji)
- 2 Tassen (474 ml) ungesüßter Sojajoghurt
- 3 Tassen (711 ml) Wasser
- 1 Teelöffel grobes Meersalz
- ½ Teelöffel gemahlener schwarzer Pfeffer
- ½ Teelöffel rotes Chilipulver oder Cayennepfeffer
- ½ gelbe oder rote Zwiebel, geschält und fein gewürfelt
- 1-2 grüne Thai-, Serrano- oder Cayennepfeffer-Chilis, gehackt
- Öl zum Braten in einer kleinen Schüssel beiseite stellen
- ½ große Zwiebel, geschält und halbiert (für die Zubereitung in der Pfanne)

ANWEISUNGEN:

a) In einer tiefen Schüssel Weizencreme, Joghurt, Wasser, Salz, schwarzen Pfeffer und rotes Chilipulver vermischen und 30 Minuten lang leicht gären lassen.

b) Die gewürfelten Zwiebeln und Chilis hinzufügen. Vorsichtig mischen.

c) Eine Grillplatte bei mittlerer bis hoher Hitze erhitzen. 1 Teelöffel Öl in die Pfanne geben.

d) Sobald die Pfanne heiß ist, stechen Sie eine Gabel in den ungeschnittenen, abgerundeten Teil der Zwiebel. Halten Sie den Gabelgriff fest und reiben Sie die geschnittene Zwiebelhälfte in der Pfanne hin und her. Die Kombination aus Hitze, Zwiebelsaft und Öl trägt dazu bei, dass Ihr Dosa nicht klebt. Halten Sie die Zwiebel mit der eingesteckten Gabel griffbereit, um sie zwischen den Dosas erneut zu verwenden. Wenn es aus der Pfanne schwarz wird, schneiden Sie einfach die Vorderseite dünn ab.

e) Stellen Sie eine kleine Schüssel mit Öl mit einem Löffel auf die Seite – Sie können es später verwenden.

f) Jetzt geht es endlich ans Kochen! Geben Sie etwas mehr als $\frac{1}{4}$ Tasse (59 ml) Teig in die Mitte Ihrer heißen, vorbereiteten Pfanne. Machen Sie mit der Rückseite Ihrer Schöpfkelle langsame Bewegungen im Uhrzeigersinn von der Mitte zum äußeren Rand der Pfanne, bis der Teig dünn und crêpeartig wird. Wenn die Mischung sofort zu sprudeln beginnt, schalten Sie einfach die Hitze etwas herunter.

g) Mit einem kleinen Löffel einen dünnen Strahl Öl kreisförmig um den Teig gießen.

h) Lassen Sie das Dosa kochen, bis es leicht gebräunt ist und sich aus der Pfanne löst. Umdrehen und auf der anderen Seite garen.

VORSPEISEN

11. Fidschianisches Kokosnuss-Ceviche

ZUTATEN:

- 1 Pfund gekochte Garnelen oder Fisch, geschält und entdarmt
- 1 Gurke, gewürfelt
- 1 Tomate, gewürfelt
- 1 Paprika (beliebige Farbe), gewürfelt
- 1/4 Tasse fein gehackte rote Zwiebel
- 1/4 Tasse gehackter frischer Koriander
- Saft von 2-3 Limetten
- 1/2 Tasse Kokosmilch
- Salz und Pfeffer nach Geschmack
- Fein gehackte Chilischote (optional, für zusätzliche Schärfe)
- Geröstete Kokosflocken (optional, zum Garnieren)
- Cracker oder Tortillachips zum Servieren

ANWEISUNGEN:

a) In einer großen Schüssel die gekochten Garnelen oder den gekochten Fisch, die gewürfelte Gurke, die Tomate, die Paprika, die rote Zwiebel und den gehackten Koriander vermischen.

b) In einer separaten kleinen Schüssel Limettensaft, Kokosmilch, Salz und Pfeffer vermischen. Passen Sie die Gewürze Ihrem Geschmack an.

c) Gießen Sie das Kokosmilch-Limetten-Dressing über die Garnelen- oder Fischmischung in der großen Schüssel.

d) 4. Alles vermischen, bis die Zutaten gut mit dem Dressing bedeckt sind.

e) Wer es etwas scharf mag, kann fein gehackte Chilischote zum Ceviche geben und untermischen.

f) Decken Sie die Schüssel mit Plastikfolie ab und stellen Sie sie mindestens 30 Minuten lang in den Kühlschrank, damit sich die Aromen vermischen können.

g) Vor dem Servieren das Fidschi-Kokos-Ceviche noch einmal umrühren und zum Würzen abschmecken. Bei Bedarf mit mehr Salz, Pfeffer oder Limettensaft anpassen.

h) Streuen Sie bei Bedarf geröstete Kokosflocken über das Ceviche, um ihm mehr Konsistenz und einen Hauch zusätzlichen Kokosgeschmacks zu verleihen.

i) Servieren Sie das Fidschi-Kokos-Ceviche gekühlt mit Crackern oder Tortillachips als erfrischende und köstliche Vorspeise oder leichte Mahlzeit.

12. Fidschianische Taro-Kokos-Knödel

ZUTATEN:
- 2 Tassen Taro, geschält und gerieben
- 1 Tasse Kokosraspeln
- 1/2 Tasse Zucker
- Eine Prise Salz

ANWEISUNGEN:
a) Den geriebenen Taro und die Kokosnuss in einer Rührschüssel vermengen.
b) Zucker und eine Prise Salz hinzufügen und gut vermischen.
c) Aus der Masse kleine Knödel formen und etwa 20-30 Minuten dünsten, bis sie fest werden.
d) Servieren Sie diese süßen und stärkehaltigen Knödel als fidschianischen Frühstücksgenuss.

13. Fidschianische Cassava-Chips

ZUTATEN:
- 2 große Maniokwurzeln
- Pflanzenöl zum Braten
- Salz und Pfeffer nach Geschmack

ANWEISUNGEN:

a) Schälen Sie die Maniokwurzeln und schneiden Sie sie in dünne Scheiben oder Streifen.
b) Pflanzenöl in einer tiefen Pfanne oder einem Topf erhitzen.
c) Braten Sie die Maniokscheiben an, bis sie goldbraun und knusprig werden.
d) Aus dem Öl nehmen und auf Papiertüchern abtropfen lassen.
e) Mit Salz und Pfeffer abschmecken.
f) Servieren Sie die Maniokchips als knusprige fidschianische Vorspeise.

14. Fidschianische Hühnchen-Samosas

ZUTATEN:
- 1 Tasse gekochtes Hähnchen, zerkleinert
- 1/2 Tasse gewürfelte Kartoffeln, gekocht
- 1/2 Tasse Erbsen
- 1/4 Tasse gewürfelte Karotten, gekocht
- 1/4 Tasse fein gehackte Zwiebel
- 2 Knoblauchzehen, gehackt
- 1 TL Currypulver
- Salz und Pfeffer nach Geschmack
- Samosa-Wrapper (im Handel erhältlich)
- Pflanzenöl zum Braten

ANWEISUNGEN:
a) In einer Pfanne die Zwiebel und den Knoblauch anbraten, bis sie duften.
b) Hähnchen, Kartoffeln, Erbsen, Karotten und Currypulver hinzufügen. Einige Minuten kochen lassen.
c) Mit Salz und Pfeffer würzen.
d) Füllen Sie Samosa-Blätter mit der Mischung, falten Sie sie zu Dreiecken und verschließen Sie die Ränder mit etwas Wasser.
e) Pflanzenöl in einer tiefen Pfanne erhitzen und die Samosas darin braten, bis sie goldbraun und knusprig sind.
f) Servieren Sie diese köstlichen fidschianischen Hühnchen-Samosas mit Chutney.

15. Fidschianische Fisch-Curry-Puffs

ZUTATEN:
- 1 Tasse gekochter Fisch, in Flocken
- 1/2 Tasse gewürfelte Kartoffeln, gekocht
- 1/4 Tasse Erbsen
- 1/4 Tasse gewürfelte Karotten, gekocht
- 1/4 Tasse gewürfelte Zwiebel
- 1 Knoblauchzehe, gehackt
- 1 TL Currypulver
- Salz und Pfeffer nach Geschmack
- Blätterteigblätter (im Handel erhältlich)

ANWEISUNGEN:
a) In einer Pfanne die Zwiebel und den Knoblauch anbraten, bis sie duften.
b) Fisch, Kartoffeln, Erbsen, Karotten und Currypulver hinzufügen. Einige Minuten kochen lassen.
c) Mit Salz und Pfeffer würzen.
d) Füllen Sie Blätterteigplatten mit der Mischung, falten Sie sie zu Dreiecken und verschließen Sie die Ränder.
e) Den Blätterteig nach Packungsanleitung backen, bis er goldbraun und aufgebläht ist.
f) Servieren Sie diese würzigen fidschianischen Fisch-Curry-Puffs als Vorspeise.

16. Fidschi-Kokosgarnelen

ZUTATEN:
- 1/2 Pfund große Garnelen, geschält und entdarmt
- 1 Tasse Kokosraspeln
- 1/2 Tasse Allzweckmehl
- 1 Ei, geschlagen
- Salz und Pfeffer nach Geschmack
- Pflanzenöl zum Braten

ANWEISUNGEN:
a) In einer Schüssel die Kokosraspeln mit einer Prise Salz und Pfeffer vermischen.
b) Tauchen Sie jede Garnele in das geschlagene Ei und bestreichen Sie sie dann mit der geriebenen Kokosnuss.
c) Pflanzenöl in einer Pfanne erhitzen und die panierten Garnelen anbraten, bis sie goldbraun und knusprig werden.
d) Servieren Sie diese köstlichen fidschianischen Kokosgarnelen mit einer Dip-Sauce Ihrer Wahl.

17. Fidschianische gewürzte geröstete Nüsse

ZUTATEN:

- 2 Tassen gemischte Nüsse (Mandeln, Cashewnüsse, Erdnüsse usw.)
- 1 EL Olivenöl
- 1 TL Currypulver
- 1/2 TL gemahlener Kreuzkümmel
- 1/2 TL Paprika
- Salz nach Geschmack

ANWEISUNGEN:

a) Heizen Sie Ihren Backofen auf 350 °F (180 °C) vor.
b) In einer Schüssel die gemischten Nüsse mit Olivenöl, Currypulver, Kreuzkümmel, Paprika und einer Prise Salz vermengen.
c) Verteilen Sie die gewürzten Nüsse auf einem Backblech und rösten Sie sie 10-15 Minuten lang oder bis sie duften und leicht geröstet sind.
d) Lassen Sie sie abkühlen, bevor Sie sie als gewürzte fidschianische Nussmischung servieren.

HAUPTKURS

18. Gebratener Reis aus Fidschi

ZUTATEN:
- 2 Tassen gekochter Reis, abgekühlt
- 2 Eier, geschlagen
- 1/2 Tasse gewürfelter Schinken oder gekochtes Hühnchen
- 1/2 Tasse gewürfelte Ananas
- 1/2 Tasse gemischtes gewürfeltes Gemüse (Paprika, Erbsen, Karotten usw.)
- Sojasauce nach Geschmack
- Salz und Pfeffer nach Geschmack
- Speiseöl

ANWEISUNGEN:
a) Etwas Öl in einer großen Pfanne oder einem Wok bei mittlerer bis hoher Hitze erhitzen.
b) Geschlagene Eier hinzufügen und verrühren. Aus der Pfanne nehmen und beiseite stellen.
c) In derselben Pfanne bei Bedarf etwas mehr Öl hinzufügen und die Schinken- oder Hähnchenwürfel sowie das gemischte Gemüse unter Rühren anbraten, bis sie weich sind.
d) Fügen Sie den gekochten Reis, das Rührei, die gewürfelte Ananas und einen Schuss Sojasauce hinzu. Unter Rühren braten, bis alles durchgewärmt und gut vermischt ist.
e) Mit Salz und Pfeffer abschmecken.
f) Servieren Sie Ihr fidschianisches Frühstück mit gebratenem Reis heiß.

19. Fidschianisches Chicken Chop Suey

ZUTATEN:

- 1 Pfund Hähnchenbrust oder -schenkel ohne Knochen und Haut, in dünne Scheiben geschnitten
- 2 Esslöffel Pflanzenöl
- 1 Zwiebel, in Scheiben geschnitten
- 2 Knoblauchzehen, gehackt
- 1-Zoll-Stück frischer Ingwer, gerieben
- 1 Tasse geschnittener Kohl
- 1 Tasse geschnittene Karotten
- 1 Tasse geschnittene Paprika (rot, grün oder gelb)
- 1 Tasse geschnittene Brokkoliröschen
- 1/4 Tasse Sojasauce
- 2 Esslöffel Austernsauce
- 1 Esslöffel Maisstärke, aufgelöst in 2 Esslöffel Wasser
- Gekochter weißer Reis zum Servieren

ANWEISUNGEN:

a) Erhitzen Sie das Pflanzenöl in einer großen Pfanne oder einem Wok bei mittlerer bis hoher Hitze.

b) Fügen Sie das in Scheiben geschnittene Hähnchen hinzu und braten Sie es an, bis es gar und leicht gebräunt ist. Nehmen Sie das Huhn aus der Pfanne und legen Sie es beiseite.

c) Geben Sie in derselben Pfanne bei Bedarf noch etwas Öl hinzu und braten Sie die geschnittenen Zwiebeln, den gehackten Knoblauch und den geriebenen Ingwer an, bis sie duften und die Zwiebeln durchscheinend sind.

d) Den geschnittenen Kohl, die Karotten, die Paprika und den Brokkoli in die Pfanne geben. Das Gemüse einige Minuten unter Rühren anbraten, bis es zart-knusprig ist.

e) Geben Sie das gekochte Hähnchen zurück in die Pfanne und vermischen Sie es mit dem Gemüse.

f) In einer kleinen Schüssel Sojasauce und Austernsauce vermischen. Gießen Sie die Soße über das Hähnchen und das Gemüse und vermischen Sie alles, bis es gut bedeckt ist.

g) Die Maisstärkemischung einrühren, um die Soße leicht anzudicken.

h) Servieren Sie das fidschianische Chicken Chop Suey über gekochtem weißem Reis für eine leckere und sättigende Mahlzeit.

20. Fidschianisches gegrilltes Mahi Mahi

ZUTATEN:
- 4 Mahi-Mahi-Filets (oder jeder andere feste Weißfisch)
- 1/4 Tasse Kokosmilch
- 2 Esslöffel Limettensaft
- 2 Knoblauchzehen, gehackt
- 1 Teelöffel geriebener frischer Ingwer
- 1 Teelöffel gemahlener Kreuzkümmel
- 1 Teelöffel gemahlener Koriander
- 1/2 Teelöffel Kurkumapulver
- Salz und Pfeffer nach Geschmack
- Gehackter frischer Koriander zum Garnieren
- Limettenschnitze zum Servieren

ANWEISUNGEN:
a) In einer flachen Schüssel Kokosmilch, Limettensaft, gehackten Knoblauch, geriebenen Ingwer, gemahlenen Kreuzkümmel, gemahlenen Koriander, Kurkumapulver, Salz und Pfeffer zu einer Marinade vermischen.
b) Legen Sie die Mahi-Mahi-Filets in die Marinade und achten Sie darauf, dass sie gut bedeckt sind. Decken Sie das Gericht ab und stellen Sie es mindestens 30 Minuten lang in den Kühlschrank, damit sich die Aromen des Fisches entfalten können.
c) Heizen Sie Ihren Grill auf mittlere bis hohe Hitze vor.
d) Nehmen Sie die Mahi-Mahi-Filets aus der Marinade und grillen Sie sie auf jeder Seite etwa 3-4 Minuten lang oder bis sie gar sind und schöne Grillspuren aufweisen.
e) Während des Grillens können Sie etwas von der restlichen Marinade auf den Fisch streichen, um ihn

feucht zu halten und ihm zusätzlichen Geschmack zu verleihen.

f) Sobald der Fisch gar ist, geben Sie ihn auf eine Servierplatte und garnieren Sie ihn mit gehacktem frischem Koriander.

g) Servieren Sie den fidschianischen gegrillten Mahi Mahi mit Limettenspalten als Beilage, um ihn über den Fisch zu verteilen.

21. Gegrilltes Hähnchen im unterirdischen Ofen

ZUTATEN:
- 1 ganzes Hähnchen, gereinigt und in Stücke geschnitten
- 1 Pfund Lammkoteletts oder Lammfleischstücke
- 1 Pfund Schweinerippchen oder Schweinefleischstücke
- 1 Pfund Fischfilets (jeder feste Weißfisch)
- 1 Pfund Taro, geschält und in Stücke geschnitten
- 1 Pfund Süßkartoffeln, geschält und in Stücke geschnitten
- 1 Pfund Maniok, geschält und in Stücke geschnitten
- 1 Pfund Kochbananen, geschält und in Stücke geschnitten
- Bananenblätter oder Alufolie zum Einwickeln
- Salz und Pfeffer nach Geschmack
- Zitronen- oder Limettenschnitze zum Servieren

ANWEISUNGEN:
a) Heizen Sie Ihren Grill auf mittlere bis hohe Hitze vor.
b) Hähnchen, Lamm und Schweinefleisch mit Salz und Pfeffer abschmecken.
c) In einer großen Schüssel Taro, Süßkartoffeln, Maniok und Kochbananen vermischen.
d) Bilden Sie individuelle Päckchen aus den Bananenblättern oder der Aluminiumfolie, indem Sie eine Portion jedes Fleisches und Gemüses in die Mitte legen und die Blätter oder die Folie falten, um den Inhalt sicher zu umschließen.
e) Legen Sie die Päckchen auf den Grill und garen Sie sie etwa 1 bis 1,5 Stunden lang oder bis das gesamte Fleisch und Gemüse zart und vollständig gegart ist.
f) Öffnen Sie die Packungen vorsichtig und geben Sie den gegrillten Inhalt auf eine Servierplatte.

g) Servieren Sie das fidschianische Grillgericht im Erdofen mit Zitronen- oder Limettenspalten als Beilage für zusätzliche Frische und Geschmack.

22. Fidschi-Krake geschmort in Kokosnusscreme

ZUTATEN:
- 2 Pfund Oktopus, gereinigt und in mundgerechte Stücke geschnitten
- 2 Esslöffel Pflanzenöl
- 1 Zwiebel, fein gehackt
- 2 Knoblauchzehen, gehackt
- 1-Zoll-Stück frischer Ingwer, gerieben
- 2 Tomaten, gehackt
- 1 Tasse Kokoscreme
- 2 Tassen Wasser oder Fischbrühe
- 1 Esslöffel Fischsauce
- 1 Esslöffel Sojasauce
- 1 Esslöffel Zitronen- oder Limettensaft
- Salz und Pfeffer nach Geschmack
- Gehackter frischer Koriander zum Garnieren
- Gekochter weißer Reis zum Servieren

ANWEISUNGEN:
a) Erhitzen Sie das Pflanzenöl in einem großen Topf oder Schmortopf bei mittlerer Hitze.
b) Die gehackten Zwiebeln, den gehackten Knoblauch und den geriebenen Ingwer hinzufügen. Anbraten, bis die Zwiebeln weich und durchscheinend sind.
c) Geben Sie die Oktopusstücke in den Topf und kochen Sie sie einige Minuten lang, bis sie beginnen, sich zu kräuseln und undurchsichtig zu werden.
d) Gehackte Tomaten, Kokoscreme, Wasser oder Fischbrühe, Fischsauce, Sojasauce und Zitronen- oder Limettensaft unterrühren. Alles gut vermischen.

e) Decken Sie den Topf ab und lassen Sie den Oktopus-Eintopf bei schwacher Hitze etwa 45 Minuten bis 1 Stunde lang köcheln, bis er zart und vollständig gegart ist.
f) Mit Salz und Pfeffer abschmecken.
g) Vor dem Servieren mit gehacktem frischem Koriander garnieren.
h) Servieren Sie den in Kokosnusscreme gedünsteten fidschianischen Oktopus mit gekochtem weißem Reis für ein köstliches Meeresfrüchtegericht.

23. Fidschi-Kokosfisch mit Spinat und Reis

ZUTATEN:

- 1 Stange Zitronengras, fein gehackt
- 1 rote Chili, fein gehackt (optional)
- ½ rote Zwiebel, in dünne Scheiben geschnitten
- 4 reife Tomaten, grob gehackt (oder 1 Dose zerdrückte Tomaten)
- 1 Dose Kokosmilch
- 2-3 Esslöffel Zitronensaft
- 2 Esslöffel Fischsauce
- 1 Teelöffel Zucker
- ¼ Tasse Basilikumblätter, grob gehackt, plus etwas mehr zum Garnieren
- 600 g weiße Fischfilets (z. B. Terakihi, Knurrhahn, Schnapper usw.)
- 300 g Babyspinat
- Gedämpfter Reis zum Servieren

ANWEISUNGEN:

a) In einer großen Bratpfanne bei mittlerer Hitze ¼ Tasse Kokosmilch, Zitronengras und Chili (falls verwendet) hinzufügen. Anbraten, bis die Flüssigkeit verdampft ist und das Zitronengras zart wird (ca. 2-3 Minuten).

b) Restliche Kokosmilch, Zwiebelscheiben, Tomaten (frisch oder aus der Dose), Zitronensaft, Fischsauce, Zucker und gehackte Basilikumblätter unterrühren. Lassen Sie die Mischung 5 Minuten lang köcheln, damit sich die Aromen vermischen.

c) Tupfen Sie die Fischfilets mit Papiertüchern trocken und stellen Sie sicher, dass keine Schuppen oder Gräten mehr vorhanden sind. Den Fisch mit Salz und Pfeffer würzen.

d) Legen Sie die Fischfilets vorsichtig in die Kokossauce und achten Sie darauf, dass sie vollständig eingetaucht sind. 4 Minuten köcheln lassen, dann die Filets vorsichtig umdrehen und eine weitere Minute garen, oder bis der Fisch gerade gar ist.

e) In einer separaten Pfanne den Babyspinat dämpfen oder leicht anbraten, bis er zusammenfällt.

f) Zum Servieren eine großzügige Menge Reis auf jeden Teller geben. Mit Fisch und der würzigen Kokosnusssauce belegen.

g) Einen Teil des zusammengefallenen Spinats als Beilage hinzufügen. Für eine frische Note mit zusätzlichen Basilikumblättern garnieren.

Currys und Suppen

24. Fidschianisches Hühnchen-Tomaten-Kartoffel-Curry

ZUTATEN:
- 1 Pfund Hähnchenstücke (mit oder ohne Knochen), in kleine Stücke geschnitten
- 2 Esslöffel Pflanzenöl
- 1 Zwiebel, fein gehackt
- 2 Knoblauchzehen, gehackt
- 1-Zoll-Stück frischer Ingwer, gerieben
- 2 Tomaten, gehackt
- 2 Kartoffeln, geschält und gewürfelt
- 1 Tasse Kokosmilch
- 1 Esslöffel Currypulver
- 1 Teelöffel gemahlener Kreuzkümmel
- 1 Teelöffel gemahlener Koriander
- 1/2 Teelöffel Kurkumapulver
- 1/4 Teelöffel Chilipulver (je nach Gewürzvorliebe anpassen)
- Salz und Pfeffer nach Geschmack
- Gehackter frischer Koriander zum Garnieren
- Gekochter weißer Reis zum Servieren

ANWEISUNGEN:
a) Erhitzen Sie das Pflanzenöl in einem großen Topf oder einer Pfanne bei mittlerer Hitze.
b) Die gehackten Zwiebeln, den gehackten Knoblauch und den geriebenen Ingwer hinzufügen. Anbraten, bis die Zwiebeln weich und durchscheinend sind.
c) Die Hähnchenstücke in den Topf geben und von allen Seiten anbraten.
d) Gehackte Tomaten, Kartoffelwürfel, Kokosmilch, Currypulver, gemahlenen Kreuzkümmel, gemahlenen

Koriander, Kurkumapulver und Chilipulver unterrühren. Alles gut vermischen.

e) Mit Salz und Pfeffer abschmecken.

f) Decken Sie den Topf ab und lassen Sie das Curry bei schwacher Hitze etwa 30 Minuten lang köcheln, bis das Hähnchen vollständig gegart und die Kartoffeln zart sind.

g) Passen Sie die Gewürze bei Bedarf an.

h) Vor dem Servieren mit gehacktem frischem Koriander garnieren.

i) Servieren Sie das fidschianische Hühnchen-Tomaten-Kartoffel-Curry mit gekochtem weißem Reis für eine wohltuende und geschmackvolle Mahlzeit.

25. Fidschianisches Krabben-Curry

ZUTATEN:
- 2 Pfund Krabben, gereinigt und in Stücke geschnitten
- 2 Esslöffel Pflanzenöl
- 1 Zwiebel, fein gehackt
- 2 Knoblauchzehen, gehackt
- 1-Zoll-Stück frischer Ingwer, gerieben
- 2 Tomaten, gehackt
- 1 Esslöffel Currypulver
- 1 Teelöffel gemahlener Kreuzkümmel
- 1 Teelöffel gemahlener Koriander
- 1/2 Teelöffel Kurkumapulver
- 1/4 Teelöffel Chilipulver (je nach Gewürzvorliebe anpassen)
- 1 Tasse Kokosmilch
- Salz und Pfeffer nach Geschmack
- Gehackter frischer Koriander zum Garnieren
- Gekochter weißer Reis zum Servieren

ANWEISUNGEN:
a) Erhitzen Sie das Pflanzenöl in einem großen Topf oder einer Pfanne bei mittlerer Hitze.
b) Die gehackten Zwiebeln, den gehackten Knoblauch und den geriebenen Ingwer hinzufügen. Anbraten, bis die Zwiebeln weich und durchscheinend sind.
c) Geben Sie die Krabben in den Topf und braten Sie sie einige Minuten lang an, bis sie anfangen, rosa zu werden.
d) Gehackte Tomaten, Currypulver, gemahlenen Kreuzkümmel, gemahlenen Koriander, Kurkumapulver und Chilipulver unterrühren. Alles gut vermischen.
e) Geben Sie die Kokosmilch hinzu und lassen Sie das Curry köcheln.

f) Decken Sie den Topf ab und lassen Sie die Krabben etwa 15 bis 20 Minuten lang im Kokosnuss-Curry kochen, bis sie vollständig gekocht und zart sind.
g) Mit Salz und Pfeffer abschmecken.
h) Vor dem Servieren mit gehacktem frischem Koriander garnieren.
i) Servieren Sie das Fidschi-Krabben-Curry mit gekochtem weißem Reis für ein köstliches Meeresfrüchtegericht.

26. Fidschianische Currygarnelen

ZUTATEN:

- 1 Pfund große Garnelen, geschält und entdarmt
- 2 Esslöffel Pflanzenöl
- 1 Zwiebel, fein gehackt
- 2 Knoblauchzehen, gehackt
- 1-Zoll-Stück frischer Ingwer, gerieben
- 2 Tomaten, gehackt
- 1 Esslöffel Currypulver
- 1 Teelöffel gemahlener Kreuzkümmel
- 1 Teelöffel gemahlener Koriander
- 1/2 Teelöffel Kurkumapulver
- 1/4 Teelöffel Chilipulver (je nach Gewürzvorliebe anpassen)
- 1 Tasse Kokosmilch
- Salz und Pfeffer nach Geschmack
- Gehackter frischer Koriander zum Garnieren
- Gekochter weißer Reis zum Servieren

ANWEISUNGEN:

a) Erhitzen Sie das Pflanzenöl in einem großen Topf oder einer Pfanne bei mittlerer Hitze.

b) Die gehackten Zwiebeln, den gehackten Knoblauch und den geriebenen Ingwer hinzufügen. Anbraten, bis die Zwiebeln weich und durchscheinend sind.

c) Geben Sie die Garnelen in den Topf und kochen Sie sie einige Minuten lang, bis sie anfangen, rosa zu werden.

d) Gehackte Tomaten, Currypulver, gemahlenen Kreuzkümmel, gemahlenen Koriander, Kurkumapulver und Chilipulver unterrühren. Alles gut vermischen.

e) Gießen Sie die Kokosmilch hinzu und lassen Sie die Mischung köcheln.

f) Decken Sie den Topf ab und lassen Sie die Garnelen im Kokos-Curry etwa 5-7 Minuten kochen, bis sie vollständig gegart und zart sind.

g) Mit Salz und Pfeffer abschmecken.

h) Vor dem Servieren mit gehacktem frischem Koriander garnieren.

i) Servieren Sie die Fidschi-Curry-Garnelen mit gekochtem weißem Reis für ein köstliches Meeresfrüchtegericht.

27. Maniok-Kokos-Curry

ZUTATEN:
- 2 EL (30 ml) Kokosöl
- 1/2 Zwiebel, gehackt
- 8 Knoblauchzehen
- 1-Zoll-Stück frischer Ingwer
- 400 g Maniok (geschält, gewaschen und in 2,5 cm große Würfel geschnitten)
- 1 TL Kurkumapulver
- 1 TL Salz oder nach Geschmack
- 1 TL frisch gemahlener Pfeffer
- 3 Tassen (720 ml) Wasser
- 2 Tassen (480 ml) Kokosmilch
- 8 ganze, frische Curryblätter

ANWEISUNGEN:

a) Eine große Pfanne oder Bratpfanne bei mittlerer Hitze erhitzen und 1 EL Kokosöl hinzufügen. Die gehackten Zwiebeln in die Pfanne geben und etwa 3 Minuten anbraten, bis sie glasig sind.

b) Knoblauch und Ingwer mit Mörser und Pistill zerstoßen und diese grobe Paste zu den Zwiebeln geben. Lassen Sie dies eine Minute lang kochen. Fügen Sie die gehackten Maniokwürfel, Kurkuma, 1 TL Salz oder nach Geschmack und Pfeffer hinzu. Gut umrühren. Wasser hinzufügen, die Pfanne mit einem Deckel abdecken und köcheln lassen. Nehmen Sie nach 15 Minuten den Deckel der Pfanne ab und prüfen Sie, ob die Maniokwürfel weich geworden sind. Wenn die Würfel nicht weich sind, kochen Sie weitere 3 bis 5 Minuten weiter.

c) Hitze reduzieren, Kokosmilch dazugeben und gut verrühren. Lassen Sie die Sauce 2 Minuten lang leicht eindicken. Abschmecken und nachwürzen.

d) In einer separaten Pfanne den restlichen 1 EL Kokosöl bei mittlerer bis niedriger Hitze erhitzen. Fügen Sie die Curryblätter hinzu und lassen Sie sie 1 Minute lang erhitzen. Vom Herd nehmen und

28. Fidschianisches Entencurry

ZUTATEN:

- 2 Pfund Entenfleisch, in Stücke geschnitten
- 2 Esslöffel Pflanzenöl
- 1 Zwiebel, fein gehackt
- 2 Knoblauchzehen, gehackt
- 1-Zoll-Stück frischer Ingwer, gerieben
- 2 Tomaten, gehackt
- 1 Esslöffel Currypulver
- 1 Teelöffel gemahlener Kreuzkümmel
- 1 Teelöffel gemahlener Koriander
- 1/2 Teelöffel Kurkumapulver
- 1/4 Teelöffel Chilipulver (je nach Gewürzvorliebe anpassen)
- 1 Tasse Kokosmilch
- Salz und Pfeffer nach Geschmack
- Gehackter frischer Koriander zum Garnieren
- Gekochter weißer Reis zum Servieren

ANWEISUNGEN:

a) Erhitzen Sie das Pflanzenöl in einem großen Topf oder einer Pfanne bei mittlerer Hitze.

b) Die gehackten Zwiebeln, den gehackten Knoblauch und den geriebenen Ingwer hinzufügen. Anbraten, bis die Zwiebeln weich und durchscheinend sind.

c) Geben Sie das Entenfleisch in den Topf und kochen Sie es, bis es von allen Seiten gebräunt ist.

d) Gehackte Tomaten, Currypulver, gemahlenen Kreuzkümmel, gemahlenen Koriander, Kurkumapulver und Chilipulver unterrühren. Alles gut vermischen.

e) Geben Sie die Kokosmilch hinzu und lassen Sie das Curry köcheln.

f) Decken Sie den Topf ab und lassen Sie das Entenfleisch etwa 45-60 Minuten lang im Kokoscurry kochen, bis es zart und vollständig gegart ist.

g) Mit Salz und Pfeffer abschmecken.

h) Vor dem Servieren mit gehacktem frischem Koriander garnieren.

i) Servieren Sie das Fidschi-Enten-Curry mit gekochtem weißem Reis für eine geschmackvolle und herzhafte Mahlzeit.

29. Fidschianisches Fischcurry

ZUTATEN:
- 3 Esslöffel (44 Milliliter) Pflanzenöl
- 1 mittelgroße Zwiebel, geschält und gewürfelt
- 1 Zimtstange
- 3 Knoblauchzehen, geschält und gehackt
- 2 lange rote Chilis, Stiele und Kerne entfernt, gehackt
- 1 1/2 Teelöffel Garam Masala
- 1 Teelöffel gemahlener gerösteter Kreuzkümmel
- 1 Teelöffel gemahlener Kurkuma
- 2 mittelgroße Tomaten, fein gewürfelt
- 1 1/2 Pfund (680 Gramm) fester Weißfisch
- Saft von 1 Zitrone
- 1 2/3 Tassen (400 ml) Kokosmilch
- Salz nach Geschmack
- Frisch gehackter Koriander zum Garnieren
- Gedämpfter weißer Reis zum Servieren

ANWEISUNGEN:
a) In einer großen Pfanne das Pflanzenöl bei mittlerer Hitze beträufeln.
b) Sobald das Öl erhitzt ist, fügen Sie die gewürfelte Zwiebel und die Zimtstange hinzu. Kochen, bis die Zwiebel weich wird, dann den gehackten Knoblauch und die gehackten roten Chilis hinzufügen. Kochen, bis es gerade duftet.
c) Garam Masala, gemahlenen gerösteten Kreuzkümmel und gemahlene Kurkuma unterrühren. Lassen Sie die Gewürze ihren Geschmack und ihr Aroma freisetzen.
d) Die fein gewürfelten Tomaten in die Pfanne geben und unter gelegentlichem Rühren etwa 15 Minuten lang kochen,

bis die Tomaten zu zerfallen beginnen und eine soßenartige Konsistenz bilden.

e) Legen Sie die festen Weißfischstücke um die Tomatenmischung in der Pfanne. Den Zitronensaft über den Fisch träufeln.

f) Braten Sie den Fisch ein paar Minuten auf einer Seite und drehen Sie die Stücke dann vorsichtig auf die andere Seite.

g) Gießen Sie die Kokosmilch hinzu und lassen Sie die Mischung leicht köcheln. Lassen Sie den Fisch ca. 5 Minuten garen und die Aromen des Kokoscurrys aufnehmen.

h) Den Fisch Suruwa mit Salz abschmecken.

i) Vor dem Servieren mit frisch gehacktem Koriander garnieren.

j) Servieren Sie den köstlichen fidschianischen Fisch Suruwa sofort mit gedünstetem weißem Reis.

k) Genießen Sie dieses schnelle und würzige Fischcurry als köstliche Mahlzeit!

30. Fidschianisches Ziegencurry

ZUTATEN:

- 2 Pfund Ziegenfleisch, in Stücke geschnitten
- 2 Esslöffel Pflanzenöl
- 1 Zwiebel, fein gehackt
- 2 Knoblauchzehen, gehackt
- 1-Zoll-Stück frischer Ingwer, gerieben
- 2 Tomaten, gehackt
- 1 Esslöffel Currypulver
- 1 Teelöffel gemahlener Kreuzkümmel
- 1 Teelöffel gemahlener Koriander
- 1/2 Teelöffel Kurkumapulver
- 1/4 Teelöffel Chilipulver (je nach Gewürzvorliebe anpassen)
- 1 Tasse Kokosmilch
- Salz und Pfeffer nach Geschmack
- Gehackter frischer Koriander zum Garnieren
- Gekochter weißer Reis zum Servieren

ANWEISUNGEN:

a) Erhitzen Sie das Pflanzenöl in einem großen Topf oder einer Pfanne bei mittlerer Hitze.

b) Die gehackten Zwiebeln, den gehackten Knoblauch und den geriebenen Ingwer hinzufügen. Anbraten, bis die Zwiebeln weich und durchscheinend sind.

c) Geben Sie das Ziegenfleisch in den Topf und kochen Sie es, bis es von allen Seiten gebräunt ist.

d) Gehackte Tomaten, Currypulver, gemahlenen Kreuzkümmel, gemahlenen Koriander, Kurkumapulver und Chilipulver unterrühren. Alles gut vermischen.

e) Geben Sie die Kokosmilch hinzu und lassen Sie das Curry köcheln.

f) Decken Sie den Topf ab und lassen Sie das Ziegenfleisch etwa 1,5 bis 2 Stunden lang im Kokos-Curry kochen, bis es zart ist und sich leicht vom Knochen lösen lässt.
g) Möglicherweise müssen Sie während des Kochvorgangs etwas Wasser hinzufügen, wenn das Curry zu trocken wird.
h) Mit Salz und Pfeffer abschmecken.
i) Vor dem Servieren mit gehacktem frischem Koriander garnieren.
j) Servieren Sie das Fidschi-Ziegen-Curry mit gekochtem weißem Reis oder Roti für eine herzhafte und geschmackvolle Mahlzeit.

31. Fidschianische Taro-Spinat-Suppe

ZUTATEN:

- 2 Tassen Taro, geschält und gewürfelt
- 1 Tasse frischer Spinat, gehackt
- 1/2 Zwiebel, gehackt
- 2 Knoblauchzehen, gehackt
- 4 Tassen Gemüse- oder Hühnerbrühe
- 1/2 Tasse Kokosmilch
- Salz und Pfeffer nach Geschmack

ANWEISUNGEN:

a) In einem großen Topf die Zwiebel und den Knoblauch anbraten, bis sie duften.

b) Den gewürfelten Taro dazugeben und einige Minuten anbraten.

c) Mit der Brühe aufgießen und köcheln lassen, bis die Taro weich ist.

d) Den gehackten Spinat und die Kokosmilch hinzufügen. Kochen, bis der Spinat zusammenfällt.

e) Mit Salz und Pfeffer würzen.

f) Servieren Sie diese fidschianische Taro-Spinat-Suppe als herzhafte Vorspeise.

32. Fidschi-Lammeintopf

ZUTATEN:
- 2 Pfund Lammeintopffleisch, in Stücke geschnitten
- 2 Esslöffel Pflanzenöl
- 1 Zwiebel, fein gehackt
- 2 Knoblauchzehen, gehackt
- 1-Zoll-Stück frischer Ingwer, gerieben
- 2 Tomaten, gehackt
- 1 Esslöffel Currypulver
- 1 Teelöffel gemahlener Kreuzkümmel
- 1 Teelöffel gemahlener Koriander
- 1/2 Teelöffel Kurkumapulver
- 1/4 Teelöffel Chilipulver (je nach Gewürzvorliebe anpassen)
- 1 Tasse Kokosmilch
- 2 Tassen Wasser oder Gemüsebrühe
- Salz und Pfeffer nach Geschmack
- Gehackter frischer Koriander zum Garnieren
- Gekochter weißer Reis oder Roti zum Servieren

ANWEISUNGEN:
a) Erhitzen Sie das Pflanzenöl in einem großen Topf oder Schmortopf bei mittlerer Hitze.
b) Die gehackten Zwiebeln, den gehackten Knoblauch und den geriebenen Ingwer hinzufügen. Anbraten, bis die Zwiebeln weich und durchscheinend sind.
c) Geben Sie das Lammeintopffleisch in den Topf und kochen Sie es, bis es von allen Seiten gebräunt ist.
d) Gehackte Tomaten, Currypulver, gemahlenen Kreuzkümmel, gemahlenen Koriander, Kurkumapulver und Chilipulver unterrühren. Alles gut vermischen.

e) Mit Kokosmilch und Wasser oder Gemüsebrühe aufgießen. Bringen Sie den Eintopf zum Kochen.
f) Decken Sie den Topf ab und lassen Sie den Lammeintopf bei schwacher Hitze etwa 1,5 bis 2 Stunden kochen, bis das Fleisch zart und aromatisch ist.
g) Mit Salz und Pfeffer abschmecken.
h) Vor dem Servieren mit gehacktem frischem Koriander garnieren.
i) Servieren Sie den fidschianischen Lammeintopf mit gekochtem weißem Reis oder Roti für eine herzhafte und köstliche Mahlzeit.

33. Fidschianisches Kürbis-Grünkohl-Curry

ZUTATEN:
- 1 Tasse Grünkohl, gehackt
- 2 Tassen Kokosmilch
- 2 Tassen Butternusskürbis, gewürfelt
- 1 Esslöffel Knoblauchpulver
- 1 Tasse Kichererbsen, über Nacht eingeweicht
- 1 Teelöffel Chilipulver
- 1 Esslöffel Kreuzkümmelpulver
- 2 Tassen Gemüsebrühe
- 3 Knoblauchzehen, gehackt
- 1 mittelgroße Zwiebel, gehackt
- 3 Esslöffel Olivenöl
- 1 Teelöffel Pfeffer

ANWEISUNGEN:
a) Im Instant-Topf alle Zutaten vermischen und gut verrühren.
b) Den Topf mit einem Deckel verschließen und 6 Stunden lang auf niedriger Stufe köcheln lassen.
c) Vor dem Servieren gut umrühren.

34. Fidschianisches Spinat- Linsen -Curry

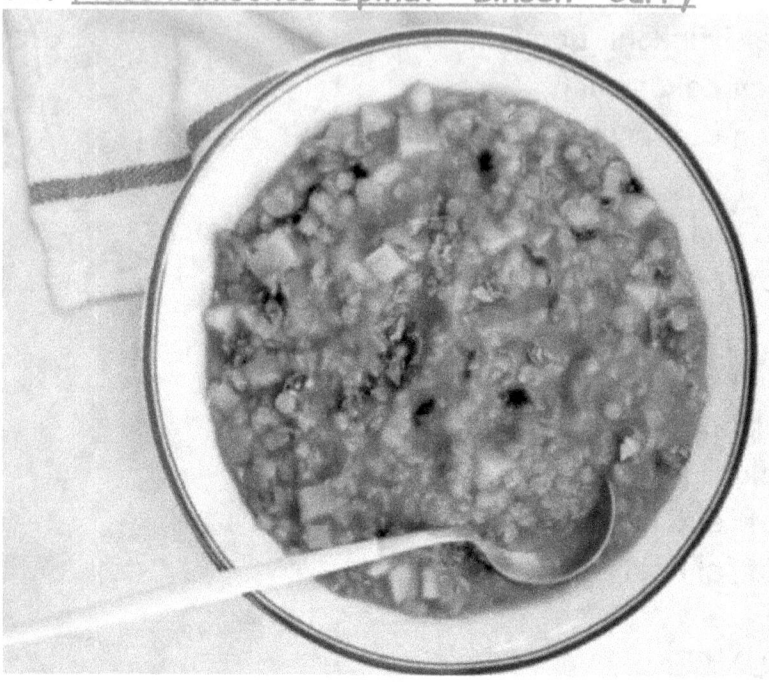

ZUTATEN:
- 4 Tassen Babyspinat, gehackt
- 1 mittelgroße Zwiebel, gehackt
- 2 Esslöffel Olivenöl
- 3 Tassen Gemüsebrühe
- 3 Knoblauchzehen, gehackt
- 1/4 Teelöffel Cayennepfeffer
- 1 1/2 Tassen rote Linsen, getrocknet
- 1 Teelöffel gemahlener Koriander
- 1 Teelöffel gemahlener Kreuzkümmel
- 1/4 Tasse Koriander, gehackt
- 1 mittelgroße Kartoffel, gewürfelt
- 1 Teelöffel gemahlener Kurkuma
- 1/2 Teelöffel Salz

ANWEISUNGEN:
a) Gießen Sie das Öl in den Topf und schalten Sie ihn auf den Sautiermodus.
b) Die Zwiebel 5 Minuten anbraten.
c) Den Knoblauch hinzufügen und weitere 30 Sekunden kochen lassen.
d) Geben Sie Cayennepfeffer, Kurkuma, Koriander und Kreuzkümmel hinzu.
e) Alles gründlich verrühren.
f) In einer großen Rührschüssel Kartoffeln, Gemüsebrühe, Linsen und Salz vermischen. Alles gründlich verrühren.
g) Auf höchster Stufe mit Deckel auf dem Topf kochen.
h) Verwenden Sie die Schnellverschlussmethode, um den Druck zu entlasten, bevor Sie den Deckel öffnen.
i) Koriander und Spinat unterheben.

35. Fidschianisches Linsen-Chipotle-Curry

ZUTATEN:
- 1 Tasse braune Linsen; gespült und gepflückt
- 1/2 mittelgroße Zwiebel; gehackt.
- 1/2 mittelgroße grüne Paprika; gehackt.
- 1/2 Esslöffel Rapsöl
- 1 Chipotle in Adobo-Sauce
- 1/4 Tasse sonnengetrocknete Tomaten; gehackt.
- 1/2 Teelöffel gemahlener Kreuzkümmel
- 1 Knoblauchzehe; gehackt.
- 1½ Esslöffel Chilipulver
- 1 Dose (1/4 oz. gewürfelte Tomaten
- 2 Tassen Gemüsebrühe
- Salz; schmecken

ANWEISUNGEN:
a) Geben Sie die Zwiebel und die Paprika in den Instant Pot und kochen Sie sie 2 Minuten lang mit der Sauté-Funktion.
b) Nach dem Einrühren des Knoblauchs und des Chilipulvers 1 Minute anbraten.
c) Verschließen Sie den Deckel und geben Sie die restlichen Zutaten hinzu.
d) Mit der manuellen Funktionsfunktion 12 Minuten lang bei hohem Druck kochen.
e) Mit einer Garnitur aus gehacktem Koriander und geriebenem Cheddar-Käse servieren.

36. Fidschianisches Bohnen-Senf-Curry

ZUTATEN:

- ½ Tasse Ketchup
- ½ Esslöffel Olivenöl
- 2 Esslöffel Melasse
- 2 Teelöffel Senfpulver
- ¼ Teelöffel gemahlener schwarzer Pfeffer
- 1 ½ Scheiben Speck, gehackt
- ½ mittelgroße Zwiebel, gehackt
- ½ kleine grüne Paprika, gehackt
- 1 ½ Dosen weiße Bohnen, abgespült und abgetropft
- 1 Teelöffel Apfelessig
- 2 Esslöffel gehackter Koriander

ANWEISUNGEN:

a) Wählen Sie in Ihrem Instant Pot den Sauté-Modus und geben Sie Öl, Zwiebel, Speck und Paprika für 6 Minuten hinzu.

b) Verschließen Sie den Deckel und geben Sie die restlichen Zutaten hinzu.

c) Mit der manuellen Funktion 8 Minuten lang bei hohem Druck kochen.

d) Führen Sie nach dem Piepton 10 Minuten lang eine natürliche Freigabe durch und anschließend eine schnelle Freigabe, um den Restdampf auszustoßen.

e) Mit gehacktem Koriander bestreuen.

37. Fidschianisches Curry mit weißen Bohnen und Reis

ZUTATEN:
- 1 Pfund weiße Bohnen, eingeweicht und abgespült
- ½ Teelöffel roter Pfeffer
- ½ Teelöffel gemahlener Kurkuma
- 1 Esslöffel Zwiebelpulver
- 2 Teelöffel Knoblauchpulver
- 1-2 Teelöffel Salz
- 1 Lorbeerblatt
- 6 Tassen ungesalzene Gemüsebrühe
- Zum Servieren gekochter weißer Reis

ANWEISUNGEN:
a) Kombinieren Sie im Instant Pot alle angegebenen Zutaten außer dem weißen Reis.
b) Sichern Sie den Deckel, indem Sie ihn abdecken. Stellen Sie sicher, dass sich der Druckentlastungsgriff in der abgedichteten Position befindet.
c) Führen Sie nach dem Summer eine 20-minütige natürliche Entspannung durch.
d) Gut umrühren und sofort mit heißem weißem Reis servieren.

38. Fidschianische rote Quinoa mit Kartoffeln

ZUTATEN:

- 2 Esslöffel Öl
- 1 Teelöffel Kreuzkümmelsamen
- 1 Tasse rote Quinoa, abgespült und abgetropft
- 10 Curryblätter, gehackt
- 1 Teelöffel gehackte scharfe grüne Chilis
- 1 kleine rote Kartoffel, in ½-Zoll-Würfel geschnitten
- 1½ Tassen Wasser
- 1½ Teelöffel koscheres Salz
- ½ Tasse ungesalzene Erdnüsse
- Saft von 1 Zitrone
- ¼ Tasse gehackter frischer Koriander
- Zitronengurke zum Servieren
- Zum Servieren Naturjoghurt

ANWEISUNGEN:

a) Erhitzen Sie das Öl im Instant Pot mit der hohen Sauté-Einstellung vor.

b) Kochen Sie die Kreuzkümmelsamen im heißen Öl am Boden des Topfes etwa 1 bis 2 Minuten lang, bis sie brutzeln.

c) Quinoa, Curryblätter und Chilis hinzufügen und 2 bis 3 Minuten kochen lassen, oder bis das Quinoa geröstet ist.

d) Kartoffeln, Wasser und Salz in einer Rührschüssel vermischen.

e) Kratzen Sie die Seiten des Topfes ab, um sicherzustellen, dass die gesamte Quinoa eingetaucht ist.

f) Wählen Sie Schnellkochen oder Manuell und kochen Sie 2 Minuten lang bei hohem Druck.

g) In einer kleinen Pfanne die Erdnüsse unter regelmäßigem Wenden 2 bis 3 Minuten leicht rösten und zum Abkühlen beiseite stellen.
h) Lassen Sie den Druck spontan nachlassen; Dies sollte etwa 10 Minuten dauern.
i) Den Zitronensaft in den Topf gießen und die Erdnüsse hineingeben.
j) Das Khichdi in Schüsseln füllen, mit Koriander, einem Klecks Naturjoghurt und einer Zitronengurke garnieren und servieren.

1.

39. Rote Linsen mit Fidschi- Curry

ZUTATEN:
- 2 Esslöffel Ghee
- ½ Teelöffel Kreuzkümmelsamen
- 1 kleine gelbe Zwiebel, fein gewürfelt
- 1 Pflaumentomate, entkernt und gewürfelt
- 1 Esslöffel gehackter Knoblauch
- 1½ Teelöffel geriebener frischer Ingwer
- 1 Tasse Linsen-Dal, abgespült
- 1 Teelöffel gemahlener Koriander
- ½ Teelöffel rotes Chilipulver
- ⅛ Teelöffel gemahlener Kurkuma
- 2 Teelöffel koscheres Salz
- 3 bis 4 Tassen Wasser
- 1 Esslöffel geriebene Jaggery
- ½ Tasse gehackter frischer Koriander

ANWEISUNGEN:
a) Erhitzen Sie das Ghee im Instant Pot mit der hohen Sauté-Einstellung vor.
b) Kochen Sie die Kreuzkümmelsamen im erhitzten Ghee am unteren Rand des Topfes etwa 1 Minute lang oder bis sie zu knistern beginnen.
c) Zwiebel, Tomate, Knoblauch und Ingwer hinzufügen und 2 Minuten kochen lassen, oder bis die Tomaten weich sind.
d) In einer großen Rührschüssel Linsen, Koriander, Chilipulver, Kurkuma und Salz vermischen. 3 Tassen Wasser hinzufügen und verrühren.
e) Wählen Sie Schnellkochen oder Manuell und kochen Sie 10 Minuten lang bei hohem Druck.
f) Warten Sie 10 Minuten, bis sich der Druck auf natürliche Weise entspannt.

g) Geben Sie den Jaggery und die restliche 1 Tasse Wasser in den Topf.

h) Abschmecken und ggf. mit Salz abschmecken. Wählen Sie die Option „Sautieren" und kochen Sie es 5 Minuten lang oder bis die Linsen leicht kochen.

i) Vor dem Servieren in Schüsseln füllen und mit Koriander belegen.

40. Fidschianisches Schwarzaugen-Erbsen-Curry

ZUTATEN:

- 1 Esslöffel neutrales Pflanzenöl
- 1 kleine gelbe Zwiebel, fein gewürfelt
- 1 Esslöffel gehackter Knoblauch
- 1½ Teelöffel geriebener frischer Ingwer
- 1 Tasse getrocknete Schwarzaugenerbsen, abgespült
- 1 Pflaumentomate, entkernt und gewürfelt
- 1½ Teelöffel koscheres Salz
- 1 Teelöffel rotes Chilipulver
- 1 Teelöffel gemahlener Koriander
- ½ Teelöffel gemahlener Kreuzkümmel
- ¼ Teelöffel gemahlener Kurkuma
- 3 Tassen Wasser
- Gekochter Reis

ANWEISUNGEN:

a) Erhitzen Sie das Öl im Instant Pot mit der hohen Sauté-Einstellung vor.

b) Zwiebel, Knoblauch und Ingwer hinzufügen und 2 Minuten kochen lassen, oder bis die Zwiebel glasig wird.

c) Geben Sie die Schwarzaugenerbsen, Tomaten, Salz, Chilipulver, Koriander, Kreuzkümmel und Kurkuma hinzu, gefolgt von Wasser.

d) Heizen Sie den Ofen auf höchste Stufe vor und braten Sie das Curry an, bis es leicht kocht, und servieren Sie es dann.

41. Fidschianisches Kichererbsen-Curry

ZUTATEN:

- 1 Tasse getrocknete Kichererbsen, abgespült
- 3½ Tassen Wasser
- 2 Esslöffel Ghee
- 1 Teelöffel Kreuzkümmelsamen
- 1 gelbe Zwiebel, fein gewürfelt
- 1 Teelöffel geriebener frischer Ingwer
- 1 Teelöffel gehackter Knoblauch
- 1 Esslöffel gemahlener Koriander
- 2 Teelöffel koscheres Salz
- 1 bis 2 Teelöffel rotes Chilipulver
- ¼ Teelöffel gemahlener Kurkuma
- 2 Pflaumentomaten, fein gewürfelt
- ¼ Teelöffel Garam Masala
- ½ Tasse gehackter frischer Koriander

ANWEISUNGEN:

a) Erhitzen Sie das Ghee im Instant Pot mit der hohen Sauté-Einstellung vor.

b) Kochen Sie die Kreuzkümmelsamen im heißen Öl am unteren Rand des Topfes etwa 1 Minute lang oder bis sie zu knistern beginnen.

c) Die Zwiebel dazugeben und unter gelegentlichem Rühren etwa 5 Minuten lang köcheln lassen, bis sie durchsichtig ist.

d) Den Ingwer und den Knoblauch dazugeben und 1 Minute kochen lassen, oder bis es duftet.

e) Geben Sie Koriander, Salz, Chilipulver, Kurkuma und Kichererbsen zusammen mit 112 Tassen Wasser hinzu und rühren Sie gründlich mit einem Holzlöffel um, wobei Sie alle gebräunten Stücke vom Boden des Topfes abkratzen.

f) Wählen Sie Schnellkochen oder Manuell und stellen Sie den Timer auf 35 Minuten bei hohem Druck ein.
g) Warten Sie 10 bis 20 Minuten, bis der Druck auf natürliche Weise nachlässt.
h) Geben Sie die Tomaten und Garam Masala in den Topf.
i) Wählen Sie die hohe Sautierstufe und kochen Sie es 5 Minuten lang oder bis die Tomaten weich sind.
j) Vor dem Servieren in Schüsseln füllen und mit Koriander belegen.

42. Fidschianische Kokosnuss-Linsenmischung

ZUTATEN:
- ¼ Tasse grob gehackter frischer Koriander
- ¼ Tasse Wasser
- 3 Esslöffel Kokosraspeln
- 1 Esslöffel gehackter Knoblauch
- 1 Teelöffel gewürfelte scharfe grüne Chilis
- 1 Teelöffel geriebener frischer Ingwer
- 2 Esslöffel Ghee
- ½ Teelöffel schwarze Senfkörner
- ¼ Teelöffel gemahlener Kurkuma
- ⅛ Teelöffel Asafoetida
- 1 Tasse verschiedene geteilte Linsen, abgespült
- 2 Teelöffel gemahlener Koriander
- ½ Teelöffel gemahlener Kreuzkümmel
- Koscheres Salz
- 3 bis 4 Tassen Wasser
- ½ Tasse gehackter frischer Koriander

ANWEISUNGEN:
a) Für die Gewürzpaste Koriander, Wasser, Kokosnuss, Knoblauch, Chilis und Ingwer in eine kleine Küchenmaschine geben und zerkleinern, bis eine dicke Paste entsteht.
b) Erhitzen Sie das Ghee im Instant Pot mit der starken Sauté-Option.
c) Werfen Sie die Senfkörner in das heiße Öl am unteren Rand des Topfes und braten Sie sie, bis sie explodieren.
d) Kurkuma, Asafoetida und Gewürzpaste vermischen und hinzufügen.
e) In eine große Rührschüssel Linsen, Koriander, Kreuzkümmel und 112 Esslöffel Salz geben; 2 Tassen Wasser hinzufügen und verrühren.

f) Wählen Sie Schnellkochen oder Manuell und kochen Sie 10 Minuten lang bei hohem Druck.
g) Wählen Sie die Option „starkes Anbraten" und kochen Sie es 4 bis 5 Minuten lang oder bis das Dal mäßig kocht.
h) Legen Sie das Essen auf den Tisch.
1.

43. Fidschianisches Tomaten - Rüben-Suppen -Curry

ZUTATEN:

- 4 Pflaumentomaten, entkernt und geviertelt
- 2 Karotten, geschält und in Scheiben geschnitten
- 1 Rote Bete, geschält und in Würfel geschnitten
- ½ Teelöffel gemahlener Kreuzkümmel
- 2-Zoll-Zimtstange
- 2 Teelöffel Currypulver r
- Koscheres Salz
- 3 Tassen Wasser
- 2 Esslöffel Pfeilwurzpulver
- ½ Teelöffel frisch gemahlener schwarzer Pfeffer
- 2 Tassen Croutons

ANWEISUNGEN:

a) Im Instant Pot Tomaten, Karotten, Rüben, Kreuzkümmel, Zimtstange, Currypulver, Salz und Wasser vermischen.
b) 10 Minuten bei hohem Druck kochen.
c) Nehmen Sie die Zimtstange aus dem Topf und legen Sie sie beiseite.
d) Die Suppe mit einem Stabmixer pürieren, bis eine vollkommen glatte Konsistenz entsteht.
e) Unter ständigem Rühren die Pfeilwurz-Pulveraufschlämmung langsam einfüllen.
f) Den Pfeffer dazugeben und umrühren, dann abschmecken und bei Bedarf mit Salz abschmecken.
g) Heizen Sie den Ofen auf höchste Stufe vor und braten Sie die Suppe an, bis sie leicht kocht.
h) Mit Croutons belegen und sofort servieren.

44. Fidschianische Kürbis - Kokos-Suppe

ZUTATEN:

- 1½ Pfund geschälter und gewürfelter Kürbis
- ½ Tasse gewürfelte gelbe Zwiebel
- 4 Knoblauchzehen, geschält
- 1 Dose fettarme Kokosmilch
- 1 Tasse natriumarme Gemüsebrühe
- 1 Esslöffel Olivenöl
- 1½ Teelöffel koscheres Salz
- 1 Teelöffel Garam Masala
- 1 Prise Cayennepfeffer

ANWEISUNGEN:

a) Im Instant Pot Kürbis, Zwiebel, Knoblauch, Kokosmilch, Gemüsebrühe, Olivenöl und Salz vermischen und umrühren.
b) Wählen Sie Schnellkochen oder Manuell und stellen Sie den Timer auf 8 Minuten bei hohem Druck ein.
c) Bewegen Sie die Druckentlastung auf Entlüften, um eine schnelle Entlastung durchzuführen. Öffnen Sie den Topf und pürieren Sie die Suppe mit einem Stabmixer, bis eine glatte Masse entsteht.
d) Garam Masala und Cayennepfeffer hinzufügen und verrühren.
e) Die Suppe in Schüsseln füllen, mit einer Prise Garam Masala und Cayennepfeffer garnieren und sofort servieren.

45. Fidschianische Kurkuma-Blumenkohlsuppe

ZUTATEN:

- 1 Esslöffel Olivenöl
- 1 gelbe Zwiebel, in Scheiben geschnitten
- 1 Teelöffel Fenchelsamen
- 3 Tassen Blumenkohlröschen
- 2 Pflaumentomaten, entkernt und gewürfelt
- 1 rotbraune Kartoffel, gewürfelt
- 6 Knoblauchzehen, geschält
- 1 Teelöffel geriebener frischer Ingwer
- 3 Tassen Wasser, plus mehr nach Bedarf
- 20 rohe Cashewnüsse
- ¼ Teelöffel gemahlener Kurkuma
- 1 Teelöffel gemahlener Koriander
- 1 Teelöffel gemahlener Kreuzkümmel
- 1 Teelöffel koscheres Salz
- ½ Teelöffel Garam Masala
- ¼ Tasse gehackter frischer Koriander
- ¼ Teelöffel Cayennepfeffer

ANWEISUNGEN:

a) Erhitzen Sie das Olivenöl im Instant Pot mit der Sauté-Option vor.
b) Fügen Sie die Zwiebel und die Fenchelsamen hinzu und kochen Sie sie 1 Minute lang oder bis sie duften.
c) In einer großen Rührschüssel Blumenkohl, Tomaten, Kartoffeln, Knoblauch und Ingwer vermischen.
d) In eine große Rührschüssel Wasser, Cashewnüsse, Kurkuma, Koriander, Kreuzkümmel und Salz geben.
e) a)Wählen Sie Schnellkochen oder Manuell und garen Sie 10 Minuten lang bei niedrigem Druck.

f) Mischen Sie die Suppe, bis sie glatt und cremig ist, und fügen Sie dann das Garam Masala hinzu.

g) Wählen Sie die Option „Sautieren" und kochen Sie 5 Minuten lang oder bis die Suppe leicht kocht.

h) Die Suppe in Schüsseln füllen, mit Koriander und einer Prise Garam Masala und Cayennepfeffer belegen und sofort servieren.

46. Fidschi- würziger Lammeintopf

ZUTATEN:
- 2 Esslöffel neutrales Pflanzenöl
- 2-Zoll-Zimtstange
- 2 Indische Lorbeerblätter
- 20 schwarze Pfefferkörner
- 4 grüne Kardamomkapseln
- 1½ Pfund Lammschulter ohne Knochen
- 2 gelbe Zwiebeln, jeweils in 8 Stücke geschnitten Brocken
- 2 Karotten
- 2 große gelbe Kartoffeln
- 3 getrocknete rote Chilis
- 1 Esslöffel koscheres Salz
- 1 Teelöffel rotes Chilipulver
- ½ Tasse Wasser
- ¼ Tasse gehackter frischer Koriander

ANWEISUNGEN:
a) Erhitzen Sie das Öl im Instant Pot mit der hohen Sauté-Einstellung vor.
b) Zimtstange, Lorbeerblätter, Pfefferkörner und Kardamom 1 Minute lang anbraten, bis es aromatisch ist.
c) Die Lammfleischstücke dazugeben und 2 bis 3 Minuten anbraten, dabei jedes Stück mehrmals wenden, bis es leicht gebräunt ist.
d) Zwiebeln, Karotten, Kartoffeln, Chilis, Salz und Chilipulver hinzufügen und anschließend das Wasser hinzufügen.
e) a) Wählen Sie „Fleisch/Eintopf" als Garmodus und stellen Sie den Timer auf 35 Minuten bei hohem Druck ein.

f) Warten Sie 10 Minuten, bis sich der Druck auf natürliche Weise entspannt.

g) Wählen Sie die hohe Sauté-Einstellung und köcheln Sie etwa 5 Minuten lang oder bis der Eintopf anfängt einzudicken.

h) Um den Instant Pot auszuschalten, drücken Sie „Abbrechen". Wenn der Eintopf abkühlt, wird er noch dicker.

i) Den Eintopf in Schüsseln füllen, mit Koriander belegen und sofort servieren.

47. Fidschianische rote Linsensuppe

ZUTATEN:

- 1 gelbe Zwiebel, fein gewürfelt
- 1 Karotte, geschält und in Scheiben geschnitten
- 1 Tasse gewürfelte Tomaten aus der Dose mit Saft
- 1 Tasse Linsen-Dal, abgespült
- 2 Esslöffel gehackter Knoblauch
- 1 Teelöffel rotes Chilipulver
- 1 Teelöffel gemahlener Koriander
- $\frac{1}{2}$ Teelöffel gemahlener Kreuzkümmel
- $\frac{1}{2}$ Teelöffel Garam Masala
- $\frac{1}{4}$ Teelöffel gemahlener Kurkuma
- 3 Tassen natriumarme Gemüsebrühe
- 1 Tasse Wasser
- Koscheres Salz
- 2 große Handvoll Babyspinat
- $\frac{1}{4}$ Tasse gehackter frischer Koriander
- 4 bis 6 Zitronenspalten

ANWEISUNGEN:

a) Im Instant-Topf Zwiebeln, Karotten, Tomaten und deren Saft, Linsen-Dal, Knoblauch, Chilipulver, Koriander, Kreuzkümmel, Garam Masala und Kurkuma vermischen.

b) Die Gemüsebrühe dazugeben und gut vermischen.

c) Wählen Sie Schnellkochen oder Manuell und stellen Sie den Timer auf 8 Minuten bei hohem Druck ein.

d) Lassen Sie den Druck 10 Minuten lang auf natürliche Weise nachlassen.

e) Nehmen Sie den Deckel vom Topf ab. Zerdrücken Sie die Linsen mit der Rückseite eines Löffels auf höchster Sauté-Stufe.

f) Wasser einrühren, abschmecken und bei Bedarf mit Salz abschmecken.

g) Den Spinat dazugeben und unter gelegentlichem Rühren köcheln lassen, bis die Suppe leicht kocht.

h) In Schüsseln füllen, mit Koriander belegen und sofort mit einem Spritzer Zitrone servieren.

48. Fidschianisches Butter-Hühnchen-Curry

ZUTATEN:
- 2 Esslöffel Ghee
- 1 große gelbe Zwiebel, fein gewürfelt
- 2 Pfund ohne Knochen Hühnerschenkel
- 1 Tasse Tomatenpüree aus der Dose
- ½ Tasse Wasser
- 1 Esslöffel geriebener frischer Ingwer
- 1 Esslöffel gehackter Knoblauch
- 2 Teelöffel rotes Chilipulver
- 2 Teelöffel koscheres Salz
- 1 Teelöffel Garam Masala
- ½ Teelöffel gemahlener Kurkuma
- ½ Tasse Kokoscreme aus der Dose
- 2 Esslöffel Tomatenmark
- 2 Esslöffel getrocknete Bockshornkleeblätter
- 2 Teelöffel Zucker
- ½ Tasse gehackter frischer Koriander
- 2 Tassen gekochter Basmatireis

ANWEISUNGEN:
a) Erhitzen Sie das Ghee im Instant Pot mit der hohen Sauté-Einstellung vor.

b) Die Zwiebel dazugeben und 4 bis 5 Minuten köcheln lassen, bis sie durchsichtig ist.

c) In eine große Rührschüssel Hühnchen, Tomatenpüree, Wasser, Ingwer, Knoblauch, Chilipulver, Salz, Garam Masala und Kurkuma geben.

d) Kokoscreme, Tomatenmark, Bockshornklee und Zucker in eine große Rührschüssel geben.

e) Mit der hohen Sauté-Einstellung etwa 2 Minuten kochen lassen, oder bis das Curry zum Kochen kommt und gründlich erhitzt ist.
f) Den Reis auf Teller verteilen und mit dem Curry belegen.
g) Vor dem Servieren mit Koriander garnieren.

49. Fidschianisches gehacktes Hühnchen-Chili

ZUTATEN:

- 2 Esslöffel neutrales Pflanzenöl
- 1 Teelöffel Kreuzkümmelsamen
- 1 große gelbe Zwiebel, fein gewürfelt
- 1 Pfund gehacktes Hühnchen
- 1 Esslöffel geriebener frischer Ingwer
- 1 Esslöffel gehackter Knoblauch
- 2 Teelöffel rotes Chilipulver
- 1½ Teelöffel koscheres Salz
- ½ Teelöffel gemahlener Kurkuma
- 2 Pflaumentomaten, entkernt und fein gewürfelt
- 1 gelbe Kartoffel
- ¼ Tasse Wasser
- 2 Esslöffel gemahlener Koriander
- 1 Teelöffel Garam Masala
- ½ Tasse gehackter frischer Koriander

ANWEISUNGEN:

a) Erhitzen Sie das Öl im Instant Pot mit der Sauté-Option.
b) Geben Sie die Kreuzkümmelsamen hinzu und erhitzen Sie sie 1 Minute lang oder bis sie zu knistern beginnen.
c) Fügen Sie die Zwiebel hinzu und kochen Sie sie 4 bis 5 Minuten lang oder bis sie weich und transparent ist.
d) Kochen Sie das Huhn und zerkleinern Sie es mit Ingwer, Knoblauch, Chilipulver, Salz und Kurkuma.
e) Geben Sie die Tomaten, die Kartoffeln und das Wasser mit einem Holzlöffel hinein und kratzen Sie alle braunen Stücke vom Boden des Topfes ab.
f) Koriander und Garam Masala zur Mischung hinzufügen.

g) Wählen Sie Schnellkochen oder Manuell und kochen Sie 4 Minuten lang bei hohem Druck.

h) Lassen Sie den Druck 10 Minuten lang auf natürliche Weise nachlassen.

i) Den Koriander hinzufügen und servieren.

50. Fidschianisches Hühnchen - Spinat-Curry

ZUTATEN:
- 2 Esslöffel neutrales Pflanzenöl
- $\frac{1}{2}$ Teelöffel Kreuzkümmelsamen
- 4 Nelken
- 10 schwarze Pfefferkörner
- 1 gelbe Zwiebel, fein gewürfelt
- 1 bis 2 Teelöffel gehackte scharfe grüne Chilischoten
- 2 Teelöffel geriebener frischer Ingwer
- 2 Teelöffel gehackter Knoblauch
- $1\frac{1}{2}$ Pfund Hähnchenbrust oder -schenkel
- $\frac{1}{2}$ Tasse Tomatenpüree aus der Dose
- 2 Esslöffel Wasser
- $1\frac{1}{2}$ Teelöffel koscheres Salz
- $\frac{1}{4}$ Teelöffel gemahlener Kurkuma
- $\frac{1}{2}$ Teelöffel Garam Masala
- 2 Tassen gekochter Reis

ANWEISUNGEN:
a) Erhitzen Sie das Öl auf der hohen Sauté-Stufe.
b) 30 Sekunden kochen lassen oder bis die Kreuzkümmelsamen, Nelken und Pfefferkörner geröstet sind.
c) Zwiebel und Chili dazugeben und ca. 5 Minuten kochen, bis die Zwiebel durchsichtig ist.
d) Fügen Sie den Ingwer und den Knoblauch hinzu, rühren Sie alles um und kochen Sie es 1 Minute lang oder bis es duftet.
e) In einer großen Rührschüssel Hühnchen, Tomatenpüree, Wasser, Salz, Kurkuma und Garam Masala vermischen und mit einem Holzlöffel gut umrühren, um alle gebräunten Stücke vom Topfboden zu entfernen.

f) Wählen Sie die Option „starkes Anbraten". Den Spinat dazugeben und gut vermischen.
g) Den Reis auf Teller verteilen und mit dem Curry belegen.
h) Sofort servieren.
1.

51. Fidschianische Curry-Kokosgarnelen

ZUTATEN:

- 1 Dose Kokosmilch
- 1 Esslöffel Kokosöl
- 1 gelbe Zwiebel, in dünne Scheiben geschnitten
- 6 Nelken
- 4 grüne Kardamomkapseln
- 2-Zoll-Zimtstange
- 4 kleine scharfe grüne Chilischoten, halbiert
- 15 Curryblätter
- 2 Teelöffel geriebener frischer Ingwer
- 2 Teelöffel gehackter Knoblauch
- 2 Pflaumentomaten, in Scheiben geschnitten
- ½ Teelöffel gemahlener Kurkuma
- 1½ Pfund Jumbo-Garnelen mit Schwanz
- 1 Teelöffel koscheres Salz
- ¼ Tasse gehackter frischer Koriander
- Gedämpfter Reis zum Servieren

ANWEISUNGEN:

a) Erhitzen Sie das Kokosöl im Instant Pot auf der hohen Sauté-Einstellung.

b) Zwiebel, Nelken, Kardamom und Zimtstange anbraten, bis die Zwiebel weich und durchscheinend wird (ca. 5 Minuten).

c) Fügen Sie die Chilis, Curryblätter, Ingwer und Knoblauch hinzu und kochen Sie es 1 Minute lang oder bis es duftet.

d) In eine große Rührschüssel Tomaten, Kurkuma und Garnelen geben. Kokoswasser und Salz noch einmal unterrühren.

e) Wählen Sie Schnellkochen oder Manuell und kochen Sie 2 Minuten lang bei niedrigem Druck.

f) Den Deckel vom Topf nehmen, die Kokoscreme einrühren und mit Koriander bestreuen.

g) Servieren Sie die Garnelen mit gedünstetem Reis in einer Servierschüssel.

52. Fidschianisches L und Vindaloo Fusion

ZUTATEN:
- ¼ Tasse Weißweinessig
- 4 Esslöffel Lamm-Vindaloo-Gewürzmischung
- 2 Esslöffel gehackter Knoblauch
- 1 Esslöffel geriebener frischer Ingwer
- 3 Teelöffel koscheres Salz
- 2 Pfund Lammschulter ohne Knochen
- ¼ Tasse Ghee
- 1 Teelöffel schwarze Senfkörner
- 1 große gelbe Zwiebel, fein gewürfelt
- ½ Tasse Wasser
- 1 große gelbe Kartoffel, geschält
- 2 Esslöffel rotes Chilipulver
- 1 Esslöffel brauner Zucker
- 1 Esslöffel Tamarindenkonzentratpaste
- ⅛ Teelöffel gemahlener Kurkuma
- Cayennepfeffer
- ½ Tasse gehackter frischer Koriander
- Gedämpfter Reis zum Servieren
- 8 Parathas zum Servieren

ANWEISUNGEN:

a) In einer Rührschüssel Essig, Gewürzmischung, Knoblauch, Ingwer und 2 Esslöffel Salz verrühren.

b) Das Lamm dazugeben und wenden, damit es gleichmäßig bedeckt ist.

c) Erhitzen Sie das Ghee im Instant Pot mit der starken Sauté-Option.

d) Geben Sie die Senfkörner zum heißen Ghee am Boden des Topfes und kochen Sie sie 2 bis 3 Minuten lang oder bis sie anfangen zu platzen.

e) Die Zwiebel und den restlichen 1 Teelöffel Salz hinzufügen und 5 Minuten kochen lassen, oder bis die Zwiebel durchsichtig ist. Das marinierte Lammfleisch unterrühren, bis alles gut vermischt ist.

f) Das Wasser hinzufügen und gründlich mit einem Holzlöffel vermischen.

g) Auf dem Lamm die Kartoffelwürfel anrichten; nicht kombinieren.

h) Wählen Sie „Schnellkochen" oder „Manuell" und kochen Sie 20 Minuten lang bei hohem Druck.

i) Warten Sie 15 Minuten, bis sich der Druck auf natürliche Weise entspannt.

j) In einer großen Rührschüssel Chilipulver, braunen Zucker, Tamarindenpaste, Kurkuma und Cayennepfeffer vermischen.

k) Wählen Sie die hohe Sauté-Einstellung und kochen Sie es 1 Minute lang, um die Gewürze zu kombinieren.

l) Das Curry auf Teller verteilen und mit Koriander belegen.

53. Fidschianisches Kokosnuss-Rindfleisch-Curry

ZUTATEN:

- 1 ½ Pfund. Rindfleisch, in Stücke schneiden
- ½ Tasse Basilikum, in Scheiben geschnitten
- 2 Esslöffel brauner Zucker
- 2 Esslöffel Fischsauce
- ¼ Tasse Hühnerbrühe
- ¾ Tasse Kokosmilch
- 2 Esslöffel Currypaste
- 1 Zwiebel, in Scheiben geschnitten
- 1 Paprika, in Scheiben geschnitten
- 1 Süßkartoffel

ANWEISUNGEN:

a) Im Instant-Topf alle Zutaten außer Basilikum vermischen und gut umrühren.
b) 15 Minuten lang auf höchster Stufe kochen, nachdem der Topf mit einem Deckel verschlossen wurde.
c) Lassen Sie den Druck auf natürliche Weise nachlassen, bevor Sie den Deckel öffnen.
d) Das Basilikum dazugeben und gründlich vermischen.
e) Aufschlag.

Beilagen und Salate

54. Roti (fidschianisches Fladenbrot)

ZUTATEN:

- 2 Tassen Allzweckmehl
- 1/2 TL Salz
- Wasser

ANWEISUNGEN:

a) Mehl und Salz in einer Schüssel vermischen.
b) Nach und nach Wasser hinzufügen und kneten, bis ein weicher, nicht klebriger Teig entsteht.
c) Teilen Sie den Teig in Golfball-große Portionen und rollen Sie diese zu dünnen Kreisen.
d) Eine Grillplatte oder Bratpfanne bei mittlerer bis hoher Hitze erhitzen.
e) Die Roti auf der heißen Grillplatte etwa 1-2 Minuten auf jeder Seite braten, oder bis sie aufgehen und braune Flecken bekommen.
f) Mit Chutney oder Curry Ihrer Wahl servieren.

55. Fidschianische gedämpfte Kokosnuss und Maniok

ZUTATEN:
- 1 Pfund Maniok, geschält und in Stücke geschnitten
- 1 Tasse Kokosmilch
- 1/4 Tasse Wasser
- 1 Esslöffel Zucker (optional, je nach Geschmack anpassen)
- Prise Salz

ANWEISUNGEN:
a) Geben Sie die Maniokstücke in einen großen Topf oder Dampfgarer und dämpfen Sie sie bei mittlerer Hitze etwa 15 bis 20 Minuten lang oder bis sie zart und gar sind.
b) Mischen Sie in einem separaten Topf Kokosmilch, Wasser, Zucker (falls verwendet) und eine Prise Salz.
c) Erhitzen Sie die Kokosmilchmischung bei schwacher Hitze, bis sie durchgewärmt ist, aber nicht kocht.
d) Nehmen Sie den gedämpften Maniok aus dem Topf oder Dampfgarer und geben Sie ihn in eine Servierschüssel.
e) Gießen Sie die warme Kokosmilchmischung über den gedämpften Maniok.
f) Servieren Sie die fidschianische gedämpfte Kokosnuss und Maniok als köstliche und wohltuende Beilage.

56. Fidschianische gekochte Taroblätter und Kokoscreme

ZUTATEN:
- 1 Bund frische Taroblätter, gewaschen und gehackt
- 1 Dose (400 ml) Kokoscreme
- 1 Zwiebel, fein gehackt
- 2 Knoblauchzehen, gehackt
- 1-2 rote Chilischoten, entkernt und gehackt (optional)
- Salz und Pfeffer nach Geschmack

ANWEISUNGEN:
a) In einem großen Topf Wasser zum Kochen bringen und die gehackten Taroblätter hinzufügen.
b) Kochen Sie die Blätter etwa 15-20 Minuten lang oder bis sie weich sind.
c) Lassen Sie das Wasser ab und legen Sie die gekochten Blätter beiseite.
d) Im gleichen Topf bei mittlerer Hitze etwas Öl erhitzen und die gehackten Zwiebeln, den Knoblauch und die Chilischoten anbraten, bis die Zwiebeln glasig und aromatisch sind.
e) Die gekochten Taroblätter in den Topf geben und gut mit den sautierten Zutaten vermischen.
f) Die Kokoscreme dazugeben und verrühren.
g) Mit Salz und Pfeffer abschmecken und die Mischung bei schwacher Hitze 5-10 Minuten köcheln lassen.
h) Heiß servieren als traditionelle fidschianische Beilage zu Reis oder anderen Hauptgerichten.

57. Fidschianische Seetraube

ZUTATEN:

- Frische Seetrauben
- Limetten- oder Zitronenschnitze zum Servieren

ANWEISUNGEN:

a) Spülen Sie die frischen Seetrauben unter fließendem kaltem Wasser ab, um Sand und Schmutz zu entfernen.

b) Tupfen Sie die Seetrauben mit einem sauberen Küchentuch oder Papiertuch trocken.

c) Servieren Sie die fidschianischen Seetrauben als erfrischenden und nahrhaften Snack oder Beilage, zusammen mit Limetten- oder Zitronenspalten für zusätzlichen Geschmack.

58. Fidschianische geröstete Auberginen mit Kräutern

ZUTATEN:
- 2 große Auberginen
- 2 Esslöffel Pflanzenöl
- 2 Knoblauchzehen, gehackt
- 1 Esslöffel gehackte frische Thymianblätter
- 1 Esslöffel gehackte frische Rosmarinblätter
- Salz und Pfeffer nach Geschmack
- Zitronenschnitze zum Servieren

ANWEISUNGEN:
a) Heizen Sie Ihren Backofen auf 400 °F (200 °C) vor.
b) Schneiden Sie die Auberginen der Länge nach in zwei Hälften und schneiden Sie das Fruchtfleisch mit einem Messer kreuzweise ein.
c) Legen Sie die Auberginenhälften mit der Fleischseite nach oben auf ein Backblech.
d) Mischen Sie in einer kleinen Schüssel das Pflanzenöl, den gehackten Knoblauch, den gehackten frischen Thymian und den gehackten frischen Rosmarin.
e) Das Fruchtfleisch der Auberginenhälften mit der Öl-Kräuter-Mischung bestreichen.
f) Die Aubergine mit Salz und Pfeffer abschmecken.
g) Braten Sie die Aubergine im vorgeheizten Ofen etwa 25-30 Minuten lang oder bis das Fruchtfleisch zart und goldbraun ist.
h) Die gerösteten Auberginen aus dem Ofen nehmen und etwas abkühlen lassen.
i) Servieren Sie die geröstete fidschianische Aubergine mit Kräutern mit Zitronenspalten als Beilage, um sie über die Aubergine zu drücken.

59. Fidschi-Rohfischsalat (Kokoda)

ZUTATEN:
- 1 Pfund feste weiße Fischfilets, gewürfelt (z. B. Schnapper oder Mahi-Mahi)
- 1 Tasse Kokoscreme
- 1/4 Tasse frisch gepresster Limettensaft
- 1 Gurke, geschält und gewürfelt
- 1 Tomate, gewürfelt
- 1 kleine Zwiebel, fein gehackt
- 1 kleine rote Chilischote, fein gehackt (optional, für zusätzliche Schärfe)
- Salz und Pfeffer nach Geschmack
- Gehackter frischer Koriander zum Garnieren
- Gekochter weißer Reis oder Taro-Chips zum Servieren

ANWEISUNGEN:
a) In einer Rührschüssel den gewürfelten Fisch, die Kokoscreme und den frisch gepressten Limettensaft vermischen. Stellen Sie sicher, dass der Fisch vollständig mit der Mischung bedeckt ist.

b) Decken Sie die Schüssel mit Plastikfolie ab und stellen Sie sie etwa zwei Stunden lang in den Kühlschrank, oder bis der Fisch im Zitrussaft „gekocht" ist. Die Säure im Limettensaft „kocht" den Fisch sanft und verleiht ihm eine Ceviche-ähnliche Konsistenz.

c) Nachdem der Fisch mariniert ist, die überschüssige Flüssigkeit aus der Schüssel abgießen.

d) Geben Sie die gewürfelte Gurke, die Tomate, die fein gehackte Zwiebel und die rote Chilischote (falls verwendet) zum marinierten Fisch. Alles vorsichtig vermischen.

e) Den fidschianischen Rohfischsalat (Kokoda) mit Salz und Pfeffer abschmecken.

f) Vor dem Servieren mit gehacktem frischem Koriander garnieren.

g) Servieren Sie den fidschianischen Rohfischsalat mit gekochtem weißem Reis oder Taro-Chips für ein köstliches und erfrischendes Meeresfrüchtegericht.

60. Fidschianisches Kokosnuss -Roti

ZUTATEN:
- 2 Tassen Allzweckmehl
- 1 Tasse Kokosraspeln (ungesüßt)
- 2 Esslöffel Zucker
- 1/2 Teelöffel Salz
- 2 Esslöffel Butter, geschmolzen
- 1 Tasse warmes Wasser (ungefähr)

Anweisungen:
a) In einer Rührschüssel Allzweckmehl, Kokosraspeln, Zucker und Salz vermischen.
b) Nach und nach die geschmolzene Butter zu den trockenen Zutaten geben und gut vermischen. Die Mischung sollte groben Krümeln ähneln.
c) Geben Sie nach und nach warmes Wasser hinzu und kneten Sie den Teig, bis er sich verbindet. Möglicherweise benötigen Sie etwas mehr oder weniger als eine Tasse Wasser, also fügen Sie es nach und nach hinzu. Der Teig sollte weich und geschmeidig sein.
d) Teilen Sie den Teig in gleich große Portionen und rollen Sie diese zu Kugeln.
e) Erhitzen Sie eine Grillplatte oder eine beschichtete Pfanne bei mittlerer Hitze.
f) Nehmen Sie eine der Teigkugeln und legen Sie sie auf eine saubere, bemehlte Oberfläche. Rollen Sie es mit einem Nudelholz zu einem dünnen, runden Roti aus. Sie können sie so dünn oder so dick machen, wie Sie möchten.
g) Übertragen Sie die gerollten Roti vorsichtig auf die heiße Grillplatte oder Pfanne. Braten Sie es auf jeder Seite etwa 1-2 Minuten lang oder bis es leicht aufgeht und

goldbraune Flecken aufweist. Wenn Sie möchten, können Sie jede Seite mit etwas Butter bestreichen.

h) Wiederholen Sie den Roll- und Backvorgang für die restlichen Teigbällchen.

i) Servieren Sie das Fidschi-Kokos-Roti heiß, entweder pur oder mit Ihrem Lieblings-Curry, Chutney oder Dip.

61. Fidschi-grüner Papaya-Salat

ZUTATEN:
- 1 grüne Papaya, geschält und zerkleinert
- 1 Karotte, geschält und zerkleinert
- 1/4 Tasse Kokosraspeln
- 1/4 Tasse Erdnüsse, geröstet und zerkleinert
- 2-3 Knoblauchzehen, gehackt
- 1-2 rote Chilischoten, fein gehackt (je nach Gewürzvorliebe anpassen)
- Saft von 2 Limetten
- Salz und Zucker nach Geschmack

ANWEISUNGEN:
a) In einer großen Schüssel die zerkleinerte Papaya, die Karotte, die Kokosnuss und die Erdnüsse vermischen.
b) In einer separaten Schüssel den gehackten Knoblauch, die gehackten Chilischoten, den Limettensaft, Salz und Zucker vermischen.
c) Das Dressing über den Salat gießen und gut vermischen.
d) Lassen Sie den Salat vor dem Servieren etwa 15-20 Minuten marinieren.

62. Fidschi-Ananas-Gurken-Salat

ZUTATEN:
- 1 Tasse frische Ananasstücke
- 1 Gurke, in Scheiben geschnitten
- 1/4 rote Zwiebel, in dünne Scheiben geschnitten
- Frische Korianderblätter
- Saft von 1 Limette
- Salz und Pfeffer nach Geschmack

ANWEISUNGEN:
a) In einer Salatschüssel frische Ananasstücke, Gurkenscheiben und dünn geschnittene rote Zwiebeln vermischen.

b) Den Limettensaft über den Salat pressen und mit Salz und Pfeffer würzen.

c) Die Zutaten vermischen und mit frischen Korianderblättern garnieren.

63. Fidschianisches Creme-Taro (Taro in Kokosnusscreme)

ZUTATEN:
- 2 Tassen Taro, geschält und gewürfelt
- 1 Tasse Kokoscreme
- 1/4 Tasse Wasser
- 2-3 Knoblauchzehen, gehackt
- Salz und Pfeffer nach Geschmack

ANWEISUNGEN:
a) In einem Topf gewürfeltes Taro, Kokoscreme, Wasser und gehackten Knoblauch vermengen.
b) Mit Salz und Pfeffer würzen.
c) Bei schwacher Hitze unter gelegentlichem Rühren köcheln lassen, bis die Taro zart ist und die Kokoscreme eindickt.
d) Servieren Sie dieses cremige fidschianische Taro-Gericht als Beilage, oft zu gegrilltem Fisch oder Fleisch.

GEWÜRZE

64. Fidschianisches würziges Tamarinden-Chutney

ZUTATEN:

- 1 Tasse Tamarindenmark
- 1/2 Tasse brauner Zucker
- 1/4 Tasse Wasser
- 2-3 Knoblauchzehen, gehackt
- 1-2 rote Chilischoten, fein gehackt (je nach Gewürzvorliebe anpassen)
- Salz nach Geschmack

ANWEISUNGEN:

a) In einem Topf Tamarindenmark, braunen Zucker, Wasser, gehackten Knoblauch und gehackte Chilischoten vermischen.

b) Bei schwacher Hitze unter ständigem Rühren kochen, bis die Mischung eindickt und sich der Zucker auflöst.

c) Mit Salz abschmecken.

d) Lassen Sie das Chutney abkühlen und servieren Sie es dann als würzige fidschianische Vorspeise. Er passt gut zu frittierten oder gegrillten Snacks.

65. Ingwer Knoblauch-Paste

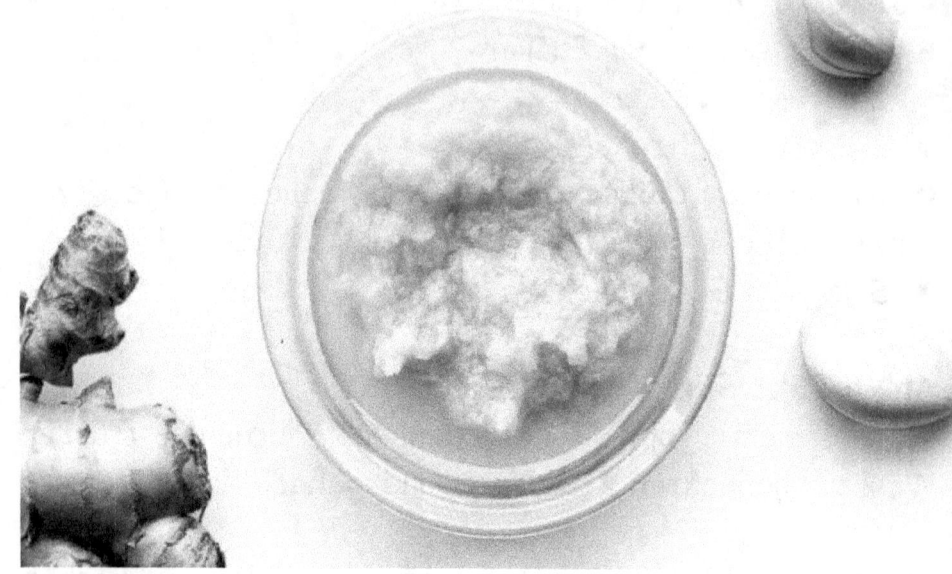

ZUTATEN:
- 1 (10 cm) Stück Ingwerwurzel, geschält und gehackt
- 12 Knoblauchzehen, geschält und geschnitten
- 1 Esslöffel Wasser

ANWEISUNGEN:
a) Alle Zutaten in einer Küchenmaschine verarbeiten, bis eine pastöse Konsistenz entsteht.

66. Fidschianische scharfe Pfeffersauce (Buka, Buka)

ZUTATEN:
- 10-12 rote Chilischoten (Anzahl je nach gewünschter Schärfe anpassen)
- 2 Knoblauchzehen, gehackt
- 1/4 Tasse Essig
- Salz nach Geschmack

ANWEISUNGEN:
a) Von den Chilischoten den Stiel entfernen und grob hacken.
b) In einem Mixer oder einer Küchenmaschine Chilischoten, gehackten Knoblauch, Essig und eine Prise Salz vermischen.
c) Mischen, bis eine glatte Soße entsteht.
d) Bewahren Sie die scharfe Pfeffersauce in einer Flasche oder einem Glas auf und verleihen Sie Ihren fidschianischen Gerichten damit etwas feurige Schärfe.

67. Fidschi-Tamarinden-Dip

ZUTATEN:
- 1/2 Tasse Tamarindenmark
- 1/4 Tasse Wasser
- 2 EL Zucker
- 1/2 TL Kreuzkümmelpulver
- 1/2 TL rotes Chilipulver (je nach Gewürzvorliebe anpassen)
- Salz nach Geschmack

ANWEISUNGEN:
a) In einem kleinen Topf das Tamarindenmark und das Wasser vermischen. Bei schwacher Hitze erhitzen und rühren, bis die Tamarinde weich wird.
b) Vom Herd nehmen und die Tamarindenmischung in eine Schüssel abseihen, um alle Kerne und Fasern zu entfernen.
c) Fügen Sie dem Tamarindenkonzentrat Zucker, Kreuzkümmelpulver, rotes Chilipulver und Salz hinzu. Gut mischen.
d) Lassen Sie den Tamarinden-Dip vor dem Servieren abkühlen. Es ist ein würziges und würziges Gewürz, das sich perfekt zu Snacks oder Hauptgerichten eignet.

68. Fidschi-Kokosnuss-Sambal

ZUTATEN:
- 1 Tasse frisch geriebene Kokosnuss
- 1/2 Tasse gewürfelte rote Zwiebel
- 1-2 rote Chilischoten, fein gehackt (je nach Gewürzvorliebe anpassen)
- 2 Knoblauchzehen, gehackt
- Saft von 1 Limette
- Salz nach Geschmack

ANWEISUNGEN:
a) In einer Schüssel frisch geriebene Kokosnuss, gewürfelte rote Zwiebeln, gehackte rote Chilischoten und gehackten Knoblauch vermischen.

b) Den Limettensaft über die Mischung pressen und mit Salz würzen.

c) Alles vermischen und einige Minuten ruhen lassen, damit sich die Aromen vermischen.

d) Servieren Sie den Kokosnuss-Sambal als erfrischende Würze zu verschiedenen fidschianischen Gerichten.

69. Fidschianische Taro-Blatt-Sauce (Rourou Vakasoso)

ZUTATEN:
- 1 Bund Taroblätter, gewaschen und gehackt
- 1/2 Zwiebel, fein gehackt
- 2 Knoblauchzehen, gehackt
- 1/2 Tasse Kokoscreme
- Salz und Pfeffer nach Geschmack

ANWEISUNGEN:
a) In einem Topf die fein gehackte Zwiebel und den gehackten Knoblauch anbraten, bis ein angenehmer Duft entsteht.
b) Die gehackten Taroblätter dazugeben und einige Minuten anbraten, bis sie zusammenfallen.
c) Kokoscreme, Salz und Pfeffer einrühren. Köcheln lassen, bis die Soße eindickt und die Taroblätter zart sind.
d) Servieren Sie die Taro-Blatt-Sauce als traditionelles fidschianisches Gewürz zu Reis oder Wurzelgemüse.

70. Eingelegte fidschianische Mango (Toroi)

ZUTATEN:

- 2 grüne (unreife) Mangos, geschält und gewürfelt
- 1/2 rote Zwiebel, fein gehackt
- 1-2 rote Chilischoten, fein gehackt (je nach Gewürzvorliebe anpassen)
- Saft von 1 Limette
- Salz nach Geschmack

ANWEISUNGEN:

a) In einer Schüssel die gewürfelten grünen Mangos, die fein gehackten roten Zwiebeln und die roten Chilischoten vermischen.

b) Den Limettensaft über die Mischung pressen und mit Salz würzen.

c) Alles vermischen und mindestens 30 Minuten marinieren lassen.

d) Servieren Sie die eingelegte Mango, bekannt als Toroi, als pikantes und würziges Gewürz.

71. Fidschianisches Chili-Mango-Chutney

ZUTATEN:

- 2 reife Mangos, geschält, entkernt und gewürfelt
- 1/2 Tasse Zucker
- 1/4 Tasse Essig
- 2-3 rote Chilischoten, fein gehackt (je nach Gewürzvorliebe anpassen)
- 1/2 TL Ingwer, gerieben
- 1/2 TL gemahlene Nelken
- Salz nach Geschmack

ANWEISUNGEN:

a) In einem Topf Mangos, Zucker, Essig, rote Chilischoten, Ingwer, gemahlene Nelken und eine Prise Salz vermischen.

b) Bei schwacher Hitze unter gelegentlichem Rühren kochen, bis die Mischung eindickt und die Mangos weich werden.

c) Lassen Sie das Chutney abkühlen und bewahren Sie es dann in einem Glas auf. Dieses würzige Mango-Chutney ist perfekt, um Ihren Mahlzeiten eine süße und würzige Note zu verleihen.

72. Fidschianisches Koriander-Limetten-Chutney

ZUTATEN:
- 1 Tasse frische Korianderblätter, Stiele entfernt
- Saft von 2 Limetten
- 2 Knoblauchzehen, gehackt
- 1-2 grüne Chilischoten, fein gehackt
- 1/2 TL Kreuzkümmelpulver
- Salz nach Geschmack

ANWEISUNGEN:
a) In einer Küchenmaschine Koriander, Limettensaft, gehackten Knoblauch, gehackte grüne Chilischoten, Kreuzkümmelpulver und Salz vermischen.

b) Mischen, bis ein glattes Chutney mit einem hellen, würzigen Geschmack entsteht.

c) Servieren Sie dieses Koriander-Limetten-Chutney als pikante Würze für gegrillte oder frittierte Gerichte.

73. Fidschianische Ananassalsa

ZUTATEN:
- 1 Tasse gewürfelte frische Ananas
- 1/2 rote Zwiebel, fein gehackt
- 1 rote Paprika, fein gehackt
- 1-2 rote Chilischoten, fein gehackt (je nach Gewürzvorliebe anpassen)
- Saft von 1 Limette
- Frische Minzblätter, gehackt
- Salz und Pfeffer nach Geschmack

ANWEISUNGEN:
a) In einer Schüssel die gewürfelte Ananas, die fein gehackte rote Zwiebel, die rote Paprika, die roten Chilischoten und die gehackten frischen Minzblätter vermischen.

b) Den Limettensaft über die Mischung pressen und mit Salz und Pfeffer würzen.

c) Alles vermischen und einige Minuten ruhen lassen, damit sich die Aromen vermischen.

d) Servieren Sie diese erfrischende Ananassalsa als Würze für gegrilltes Fleisch oder Meeresfrüchte.

NACHTISCH

74. Fidschi-Bananenkuchen

ZUTATEN:
- 2 zerdrückte reife Bananen
- 1 1/2 Tassen selbstaufziehendes oder einfaches Mehl
- 1 Tasse Zucker
- 3 Eier
- 4 Esslöffel Butter, geschmolzen
- 1 Teelöffel Backpulver
- 1/2 Tasse Milch
- 1 Teelöffel Backpulver (nur verwenden, wenn normales Mehl verwendet wird)
- 1 Teelöffel Vanilleextrakt
- 1 Teelöffel Muskatnusspulver
- 1 Teelöffel Zimtpulver
- 1 gefettete runde Kuchenform

ANWEISUNGEN:
a) Heizen Sie den Ofen auf 350 Grad F (175 Grad C) vor.
b) In eine große Schüssel die zerdrückten reifen Bananen, Eier, Zucker und geschmolzene Butter geben. Vorsichtig mischen, bis eine schaumige Masse entsteht.
c) Fügen Sie das Backpulver (bei Verwendung von normalem Mehl), Vanilleextrakt, Muskatnusspulver und Zimtpulver hinzu. Alles miteinander vermischen.
d) Fügen Sie nach und nach das Mehl hinzu und vermischen Sie es gründlich, um sicherzustellen, dass sich keine Klumpen in der Mischung befinden.
e) Sobald die Mischung richtig vermischt ist, stellen Sie sie beiseite und fetten Sie Ihre Kuchenform mit etwas zerlassener Butter ein.
f) Die Kuchenmasse in die gefettete Form füllen.

g) 35–45 Minuten backen oder bis ein Zahnstocher, der in die Mitte des Kuchens gesteckt wird, sauber herauskommt und der Kuchen goldbraun ist.

h) Den Kuchen aus dem Ofen nehmen und auf einem Abkühlgitter abkühlen lassen.

i) Nach dem Abkühlen den Fidschi-Bananenkuchen in Scheiben schneiden und als köstliches Dessert servieren. Genießen!

75. Fidschi-Maniok-Kuchen

ZUTATEN:

- 2 Pfund Maniok, geschält und gerieben
- 1 Dose (400 ml) Kokosmilch
- 1 Tasse Kristallzucker
- 1/2 Tasse Kondensmilch
- 1/2 Tasse Kondensmilch
- 1/4 Tasse Butter, geschmolzen
- 1 Teelöffel Vanilleextrakt
- Kokosraspeln (optional, als Belag)

ANWEISUNGEN:

a) Heizen Sie Ihren Backofen auf 350 °F (175 °C) vor. Eine Auflaufform oder Pfanne einfetten.

b) In einer großen Schüssel geriebenen Maniok, Kokosmilch, Kristallzucker, Kondensmilch, Kondensmilch, geschmolzene Butter und Vanilleextrakt vermischen. Gut vermischen, bis alles gleichmäßig vermischt ist.

c) Gießen Sie die Maniokmischung in die gefettete Auflaufform und verteilen Sie sie gleichmäßig.

d) Nach Belieben Kokosraspeln über die Mischung streuen.

e) Im vorgeheizten Ofen etwa 45-50 Minuten backen oder bis die Oberseite goldbraun und die Mitte fest ist.

f) Lassen Sie den Maniokkuchen abkühlen, bevor Sie ihn in Scheiben schneiden und servieren.

76. Fidschianische Raita

ZUTATEN:

- 1 Tasse Naturjoghurt
- 1 Gurke, geschält, entkernt und gerieben
- 1 Esslöffel gehackte frische Minzblätter
- 1 Esslöffel gehackter frischer Koriander
- 1/2 Teelöffel gemahlener Kreuzkümmel
- 1/2 Teelöffel gemahlener Koriander
- Salz und Pfeffer nach Geschmack

ANWEISUNGEN:

a) In einer Rührschüssel Naturjoghurt, geriebene Gurke, gehackte frische Minzblätter, gehackten frischen Koriander, gemahlenen Kreuzkümmel, gemahlenen Koriander, Salz und Pfeffer vermischen.
b) Alles vermischen, bis alles gut vermischt ist.
c) Decken Sie die Schüssel ab und stellen Sie das Raita mindestens 30 Minuten lang in den Kühlschrank, damit sich die Aromen vermischen können.
d) Vor dem Servieren den fidschianischen Raita noch einmal umrühren und zum Würzen abschmecken. Bei Bedarf mit mehr Salz oder Pfeffer anpassen.
e) Servieren Sie den fidschianischen Raita als erfrischende Beilage oder Beilage zu Currys oder gegrilltem Fleisch.

77. In Kokosnuss gekochte fidschianische Kochbananen

ZUTATEN:
- 4 reife Kochbananen, geschält und in Scheiben geschnitten
- 1 Tasse Kokosmilch
- 2 Esslöffel Kristallzucker (optional, je nach Geschmack anpassen)
- Prise Salz
- 1 Esslöffel Pflanzenöl
- Kokosraspeln (optional, zum Garnieren)

ANWEISUNGEN:
a) In einer großen Pfanne das Pflanzenöl bei mittlerer Hitze erhitzen.
b) Die geschnittenen Kochbananen in die Pfanne geben und auf jeder Seite einige Minuten anbraten, bis sie leicht gebräunt und karamellisiert sind.
c) Gießen Sie die Kokosmilch hinein und fügen Sie den Kristallzucker (falls verwendet) und eine Prise Salz hinzu.
d) Lassen Sie die Kochbananen in der Kokosmilch etwa 5-10 Minuten lang köcheln, bis sie weich und zart sind.
e) Optional: Für zusätzliche Textur und Kokosgeschmack mit Kokosraspeln garnieren.
f) Servieren Sie die in Kokosnuss gekochten fidschianischen Kochbananen als köstliche Beilage oder Dessert.

78. Fidschi-Ananaskuchen

ZUTATEN:

- 1 Tortenboden (vorgefertigt oder selbstgemacht)
- 1 Tasse frische Ananas, gehackt
- 1/2 Tasse Zucker
- 2 EL Allzweckmehl
- 2 Eier, geschlagen
- 1/4 Tasse Butter, geschmolzen
- 1/2 TL Vanilleextrakt

ANWEISUNGEN:

a) Heizen Sie Ihren Backofen auf 350 °F (180 °C) vor.
b) Legen Sie den Tortenboden in eine Kuchenform.
c) In einer Schüssel gehackte Ananas, Zucker, Mehl, geschlagene Eier, geschmolzene Butter und Vanilleextrakt vermischen.
d) Gut vermischen und die Mischung in den Tortenboden gießen.
e) Etwa 30-40 Minuten backen, oder bis der Kuchen fest ist und die Oberfläche goldbraun ist.
f) Lassen Sie es abkühlen, bevor Sie diesen köstlichen fidschianischen Ananaskuchen servieren.

79. Puddingkuchen nach Fidschi-Art mit Toppings

ZUTATEN:
- 125 g weiche Butter
- 1 ½ Tassen selbstaufziehendes Mehl
- 2 Eier
- ½ Teelöffel Vanille
- 1 Tasse Zucker
- Puddingpulver
- 2 Tassen Milch
- Gelbe Lebensmittelfarbe (optional)

Toppings (optional)
- Kondensmilch / Schlagsahne
- Gehackte Erdnüsse
- Geschnittenes Obst

ANWEISUNGEN:
a) ½ Tasse Zucker und Butter schaumig rühren, Eier und Vanille dazugeben und verrühren

b) Dann Mehl dazugeben und vorsichtig zu einem Teig verkneten

c) Eine kleine Auflaufform, ein Alublech oder Auflaufförmchen mit Butter einfetten und den Teig auf dem Blech verteilen. Den Teig bis zum Rand ausbreiten und gleichmäßig verteilen

d) Machen Sie mit einer Gabel kleine Löcher in den Teig und backen Sie ihn bei 180-200 Grad im Ofen goldbraun und durchgebacken (sollte etwa 20-25 Minuten dauern).

e) Während der Teig backt, bereiten Sie die Vanillepuddingfüllung vor, indem Sie den Anweisungen auf der Packung folgen, um mit der Milch und dem restlichen Zucker mindestens 2 Tassen Vanillepudding zuzubereiten -

bei Bedarf gelbe Lebensmittelfarbe hinzufügen und abkühlen lassen

f) Sobald der Teig fertig ist, abkühlen lassen und die Vanillesoße darüber gießen

g) Mit Schlagsahne, Kondensmilch, Erdnüssen oder geschnittenem Obst belegen (dazu passen hervorragend Pfirsiche oder Mangos)

h) Über Nacht in den Kühlschrank stellen und gekühlt servieren.

80. Fidschi-Bananen-Tapioka-Pudding

ZUTATEN:

- 1/2 Tasse kleine Perlentapioka
- 3 Tassen Kokosmilch
- 1/2 Tasse Zucker
- 4 reife Bananen, zerdrückt
- 1/2 TL Vanilleextrakt
- Eine Prise Salz

ANWEISUNGEN:

a) Die Tapioka etwa 30 Minuten in Wasser einweichen und dann abtropfen lassen.

b) In einem Topf die abgetropfte Tapioka, Kokosmilch, Zucker und eine Prise Salz vermischen.

c) Bei schwacher Hitze unter häufigem Rühren kochen, bis die Mischung eindickt.

d) Vom Herd nehmen und die zerdrückten Bananen und den Vanilleextrakt unterrühren.

e) Lassen Sie den Pudding vor dem Servieren abkühlen. Es kann warm oder gekühlt genossen werden.

81. Fidschi-Ananas-Kokos-Trifle

ZUTATEN:
- 1 großer Biskuitkuchen oder Rührkuchen, gewürfelt
- 1 Tasse frische Ananas, gewürfelt
- 1 Tasse Kokoscreme
- 1 Tasse Sahne, geschlagen
- 1/2 Tasse Zucker
- 1/2 Tasse geröstete Kokosflocken
- Frische Minzblätter zum Garnieren

ANWEISUNGEN:
a) Den gewürfelten Kuchen, die gewürfelte Ananas und die gerösteten Kokosflocken in eine Auflaufform oder eine Servierschüssel aus Glas schichten.
b) Die Kokoscreme über die Schichten träufeln.
c) Wiederholen Sie die Schichten, bis die Form gefüllt ist.
d) Mit Schlagsahne und Zucker belegen.
e) Mit frischen Minzblättern garnieren.
f) Kühlen Sie das Trifle vor dem Servieren mindestens eine Stunde lang.

82. Fidschianische Kokosnusstarte (Tavola)

ZUTATEN:
- 1 vorgefertigter Tortenboden
- 2 Tassen frisch geriebene Kokosnuss
- 1 Tasse Zucker
- 1/4 Tasse Butter, geschmolzen
- 2 Eier, geschlagen
- 1/2 TL Vanilleextrakt

ANWEISUNGEN:
a) Heizen Sie Ihren Backofen auf 350 °F (180 °C) vor.
b) Legen Sie den Tortenboden in eine Kuchenform.
c) In einer Rührschüssel Kokosraspeln, Zucker, geschmolzene Butter, geschlagene Eier und Vanilleextrakt vermischen.
d) Gut vermischen und die Mischung in den Tortenboden gießen.
e) Etwa 30–40 Minuten backen, oder bis die Tarte fest ist und die Oberfläche goldbraun ist.
f) Lassen Sie es abkühlen, bevor Sie diese fidschianische Kokosnuss-Tarte in Scheiben schneiden und servieren.

83. Fidschi-Bananen-Kokos-Pudding

ZUTATEN:
- 4 reife Bananen, zerdrückt
- 1/2 Tasse Kokosraspeln
- 1/2 Tasse Zucker
- 1/2 Tasse Allzweckmehl
- 1/2 TL Backpulver
- 1/4 Tasse Butter, geschmolzen
- 1/2 Tasse Milch

ANWEISUNGEN:
a) Heizen Sie Ihren Backofen auf 350 °F (180 °C) vor.
b) In einer Rührschüssel zerdrückte Bananen, Kokosraspeln, Zucker, Mehl und Backpulver vermischen.
c) Die geschmolzene Butter und die Milch unterrühren, bis ein glatter Teig entsteht.
d) Gießen Sie den Teig in eine gefettete Auflaufform und backen Sie ihn etwa 30 bis 40 Minuten lang oder bis die Oberfläche goldbraun ist und ein Zahnstocher sauber herauskommt.
e) Lassen Sie es abkühlen, bevor Sie diesen wohltuenden fidschianischen Bananen-Kokos-Pudding servieren.

84. Fidschianische Taro- und Kokosnussbällchen (Kokoda Maravu)

ZUTATEN:

- 2 Tassen Taro, gekocht und püriert
- 1 Tasse Kokosraspeln
- 1/2 Tasse Zucker
- 1/4 Tasse Mehl
- 1/2 TL Vanilleextrakt

ANWEISUNGEN:

a) In einer Rührschüssel zerdrücktes Taro, Kokosraspeln, Zucker, Mehl und Vanilleextrakt vermischen.
b) Gut vermischen, bis ein Teig entsteht.
c) Aus der Masse kleine Kugeln formen und auf ein Tablett legen.
d) Die Taro- und Kokosnussbällchen vor dem Servieren etwa eine Stunde im Kühlschrank ruhen lassen.

85. Fidschianisches Ananas- und Bananenbrot

ZUTATEN:
- 1 1/2 Tassen Allzweckmehl
- 1 TL Backpulver
- 1/2 TL Backpulver
- 1/2 Tasse Zucker
- 2 reife Bananen, zerdrückt
- 1/2 Tasse zerdrückte Ananas, abgetropft
- 1/4 Tasse Pflanzenöl
- 2 Eier
- 1/2 TL Vanilleextrakt

ANWEISUNGEN:
a) Heizen Sie Ihren Backofen auf 350 °F (180 °C) vor und fetten Sie eine Kastenform ein.
b) In einer Schüssel Mehl, Backpulver, Natron und Zucker vermischen.
c) In einer anderen Schüssel die zerdrückten Bananen, die zerdrückte Ananas, das Pflanzenöl, die Eier und den Vanilleextrakt vermischen.
d) Mischen Sie die nassen und trockenen Zutaten und gießen Sie den Teig in die gefettete Kastenform.
e) Etwa 45-50 Minuten backen oder bis ein Zahnstocher sauber herauskommt.
f) Lassen Sie das Ananas- und Bananenbrot abkühlen, bevor Sie es in Scheiben schneiden und servieren.

GETRÄNKE

86. Fidschianisches Kava-Wurzelgetränk

ZUTATEN:

- Kava-Wurzelpulver oder zerkleinerte Kava-Wurzel
- Wasser

ANWEISUNGEN:

a) Geben Sie in eine große Schüssel oder „Tanoa" (traditionelle Kava-Schüssel) die gewünschte Menge Kava-Wurzelpulver oder zerkleinerte Kava-Wurzel.

b) Geben Sie Wasser in die Schüssel und kneten oder rühren Sie die Kava-Wurzel gründlich durch.

c) Kneten oder rühren Sie die Mischung weiter, bis die Flüssigkeit trüb wird und sich die Kava-Extrakte mit dem Wasser vermischen.

d) Gießen Sie das Kava-Getränk durch ein Sieb oder Tuch, um alle festen Partikel zu entfernen, so dass nur die mit Kava angereicherte Flüssigkeit übrig bleibt.

e) Servieren Sie das fidschianische Kava-Wurzelgetränk in kleinen Gemeinschaftsbechern namens „Bilo" oder „Taki", um es mit Freunden und Gästen zu teilen.

f) Hinweis: Kava-Wurzelgetränk ist ein traditionelles fidschianisches Getränk, das seit Jahrhunderten bei gesellschaftlichen und kulturellen Zusammenkünften konsumiert wird. Es ist wichtig, verantwortungsvoll Kava zu trinken und sich möglicher Wechselwirkungen mit Medikamenten oder gesundheitlichen Problemen bewusst zu sein.

87. Fidschi-Bananen-Smoothie

ZUTATEN:
- 2 reife Bananen
- 1/2 Tasse Joghurt
- 1/2 Tasse Kokosmilch
- 2 EL Honig (nach Geschmack anpassen)
- Eiswürfel (optional)

ANWEISUNGEN:
a) In einem Mixer reife Bananen, Joghurt, Kokosmilch und Honig vermischen.
b) Fügen Sie Eiswürfel hinzu, wenn Sie einen kälteren Smoothie wünschen.
c) Mixen, bis eine glatte und cremige Masse entsteht.
d) In Gläser füllen und Ihren fidschianischen Bananen-Smoothie genießen.

88. Fidschi-Ananas-Punsch

ZUTATEN:
- 2 Tassen frischer Ananassaft
- 1/2 Tasse Orangensaft
- 1/4 Tasse Limettensaft
- 1/4 Tasse Zucker
- 2 Tassen Mineralwasser
- Ananas- und Limettenscheiben zum Garnieren

ANWEISUNGEN:
a) In einem Krug frischen Ananassaft, Orangensaft, Limettensaft und Zucker vermischen. Rühren, bis sich der Zucker aufgelöst hat.
b) Sprudelwasser hinzufügen und vorsichtig umrühren.
c) Den fidschianischen Ananaspunsch in mit Eis gefüllten Gläsern servieren und mit Ananas- und Limettenscheiben garnieren.

89. Fidschi-Kokosnuss-Rum-Cocktail

ZUTATEN:

- 2 Unzen weißer Rum
- 1 Unze Kokoscreme
- 3 Unzen Ananassaft
- Zerstoßenes Eis
- Ananasscheibe und Maraschinokirsche zum Garnieren

ANWEISUNGEN:

a) In einem Shaker weißen Rum, Kokoscreme und Ananassaft vermischen.
b) Mit Eis gut schütteln, bis es abgekühlt ist.
c) Den Cocktail in ein mit Crushed Ice gefülltes Glas abseihen.
d) Mit einer Ananasscheibe und einer Maraschinokirsche garnieren.

90. Fidschianisches Ingwerbier

ZUTATEN:

- 1 Tasse frischer Ingwer, geschält und in Scheiben geschnitten
- 2 Tassen Zucker
- 2 Tassen Wasser
- Saft von 2 Zitronen
- Kohlensäurehaltiges Wasser

ANWEISUNGEN:

a) In einem Topf frischen Ingwer, Zucker und Wasser vermischen. Zum Kochen bringen und etwa 15-20 Minuten köcheln lassen.

b) Lassen Sie die Ingwermischung abkühlen und seihen Sie sie ab, um die Ingwerstücke zu entfernen.

c) Den Zitronensaft untermischen.

d) Füllen Sie zum Servieren ein Glas mit Eis, fügen Sie eine Portion Ingwersirup hinzu und füllen Sie es mit kohlensäurehaltigem Wasser auf. Passen Sie die Stärke nach Ihren Wünschen an.

91. Fidschianische Papaya Lassi

ZUTATEN:

- 1 reife Papaya, geschält, entkernt und gewürfelt
- 1 Tasse Joghurt
- 1/2 Tasse Kokosmilch
- 2-3 EL Honig (je nach Geschmack anpassen)
- Eiswürfel (optional)

ANWEISUNGEN:

a) In einem Mixer reife Papaya, Joghurt, Kokosmilch und Honig vermischen.
b) Fügen Sie Eiswürfel hinzu, wenn Sie ein kälteres Getränk wünschen.
c) Mixen, bis eine glatte und cremige Masse entsteht.
d) In Gläser füllen und Ihr erfrischendes fidschianisches Papaya-Lassi genießen.

92. Fidschi-Rum-Punsch

ZUTATEN:
- 2 Unzen dunkler Rum
- 2 Unzen Ananassaft
- 2 Unzen Orangensaft
- 1 Unze Limettensaft
- 1 Unze Grenadinensirup
- Ananas- und Orangenscheiben zum Garnieren

ANWEISUNGEN:
a) In einem Shaker dunklen Rum, Ananassaft, Orangensaft, Limettensaft und Grenadinesirup vermischen.
b) Mit Eis gut schütteln, bis es abgekühlt ist.
c) Den Punsch in ein mit Eis gefülltes Glas abseihen.
d) Für eine tropische Note mit Ananas- und Orangenscheiben garnieren.

93. Fidschi-Ananas-Kokos-Smoothie

ZUTATEN:
- 1 Tasse frische Ananasstücke
- 1/2 Tasse Kokosmilch
- 1/2 Tasse Joghurt
- 2-3 EL Honig (je nach Geschmack anpassen)
- Eiswürfel (optional)

ANWEISUNGEN:
a) In einem Mixer frische Ananasstücke, Kokosmilch, Joghurt und Honig vermischen.
b) Fügen Sie Eiswürfel hinzu, wenn Sie einen kälteren Smoothie wünschen.
c) Mixen, bis eine glatte und cremige Masse entsteht.
d) In Gläser füllen und Ihren tropischen fidschianischen Ananas-Kokos-Smoothie genießen.

94. Fidschianisches Mango-Lassi

ZUTATEN:
- 1 reife Mango, geschält, entkernt und gewürfelt
- 1 Tasse Joghurt
- 1/2 Tasse Milch
- 2-3 EL Honig (je nach Geschmack anpassen)
- Eiswürfel (optional)

ANWEISUNGEN:
a) In einem Mixer reife Mango, Joghurt, Milch und Honig vermischen.
b) Fügen Sie Eiswürfel hinzu, wenn Sie ein kälteres Getränk wünschen.
c) Mixen, bis eine glatte und cremige Masse entsteht.
d) In Gläser füllen und dieses köstliche fidschianische Mango-Lassi genießen.

95. Fidschi-Kokos-Mojito

ZUTATEN:

- 2 Unzen weißer Rum
- 2 Unzen Kokoscreme
- Saft von 1 Limette
- 6-8 frische Minzblätter
- 1 TL Zucker
- Sprudelwasser

ANWEISUNGEN:

a) Mischen Sie in einem Glas die frischen Minzblätter und den Zucker, um das Aroma der Minze freizusetzen.
b) Weißen Rum, Kokoscreme und Limettensaft hinzufügen.
c) Füllen Sie das Glas mit Eis und füllen Sie es mit Limonade auf.
d) Vorsichtig umrühren und mit einem Minzzweig und einer Limettenscheibe garnieren.

96. Fidschi-Ingwer-Zitronengras-Tee

ZUTATEN:

- 2-3 Scheiben frischer Ingwer
- 2-3 Stängel Zitronengras, in Stücke geschnitten
- 2 Tassen Wasser
- Honig oder Zucker nach Geschmack

ANWEISUNGEN:

a) In einem Topf Wasser zum Kochen bringen und Ingwer und Zitronengras hinzufügen.

b) Etwa 10-15 Minuten köcheln lassen, um die Aromen zu entfalten.

c) Vom Herd nehmen und nach Geschmack mit Honig oder Zucker süßen.

d) Den Tee abseihen und heiß servieren. Dies ist ein beruhigender und aromatischer Kräutertee aus Fidschi.

97. Fidschiischer Tamarindenkühler

ZUTATEN:
- 1 Tasse Tamarindenmark
- 4 Tassen Wasser
- 1/4 Tasse Zucker (nach Geschmack anpassen)
- Eiswürfel

ANWEISUNGEN:
a) In einem Krug Tamarindenmark, Wasser und Zucker vermischen. Rühren, bis sich der Zucker aufgelöst hat.
b) Fügen Sie Eiswürfel hinzu, um das Getränk abzukühlen.
c) Servieren Sie den Fidschi-Tamarindenkühler als süße und würzige Erfrischung.

98. Fidschianische Kava Colada

ZUTATEN:
- 2 Unzen Kava-Wurzelextrakt (zubereitet nach der traditionellen fidschianischen Methode)
- 2 Unzen Kokoscreme
- 2 Unzen Ananassaft
- 1 Unze weißer Rum
- Zerstoßenes Eis
- Ananasspalte und Maraschinokirsche zum Garnieren

ANWEISUNGEN:
a) Bereiten Sie Kava-Wurzelextrakt nach der traditionellen fidschianischen Methode zu.
b) In einem Shaker Kava-Wurzelextrakt, Kokoscreme, Ananassaft und weißen Rum vermischen.
c) Mit Eis gut schütteln, bis es abgekühlt ist.
d) Den Cocktail in ein mit Crushed Ice gefülltes Glas abseihen.
e) Mit einer Ananasspalte und einer Maraschinokirsche garnieren.

99. Fidschi-Wassermelonen-Minz-Kühler

ZUTATEN:
- 4 Tassen gewürfelte Wassermelone
- Saft von 2 Limetten
- 1/4 Tasse frische Minzblätter
- 2-3 EL Honig (je nach Geschmack anpassen)
- Eiswürfel

ANWEISUNGEN:
a) In einem Mixer gewürfelte Wassermelone, Limettensaft, frische Minzblätter und Honig vermischen.
b) Fügen Sie Eiswürfel hinzu, um das Getränk abzukühlen.
c) Mixen, bis es glatt und erfrischend ist.
d) Servieren Sie den fidschianischen Wassermelonen-Minz-Kühler für ein revitalisierendes Erlebnis.

100. Fidschianischer Passionscocktail

ZUTATEN:
- 6 Unzen Passionsfruchtsaft
- 2 Unzen Ananassaft
- 6 Unzen dunkler Rum (vorzugsweise Fidschi-Rum)
- 6 Unzen Triple Sec
- zerstoßenes Eis
- frisches Obst (zum Garnieren)

ANWEISUNGEN:
a) Säfte, Rum und Triple Sec vermischen.
b) Den Mixer mit zerstoßenem Eis füllen.
c) Mischen, bis es matschig ist.
d) In Margaritagläsern servieren und mit Früchten garnieren.

ABSCHLUSS

Zum Abschluss unserer kulinarischen Reise durch „REZEPTBUCH TROPISCHER FIDSCHI-AROMEN" hoffen wir, dass Sie nicht nur die einzigartige Geschmacksverschmelzung erkundet haben, die die fidschianische Küche ausmacht, sondern sich auch dazu inspirieren ließen, den Geschmack von Fidschi in Ihre eigene Küche zu bringen.

Die fidschianische Küche mit ihrem Schwerpunkt auf frischen, lokalen Zutaten und kultureller Vielfalt bietet eine köstliche Auswahl an Gerichten, die man genießen und mit Freunden und der Familie teilen kann. Die Herzlichkeit der fidschianischen Gastfreundschaft und das tropische Paradies, das als Kulisse für diese Aromen dient, können jetzt Teil Ihres kulinarischen Repertoires sein.

Wir ermutigen Sie, Ihre Erkundung der fidschianischen Küche fortzusetzen und Gerichte anzupassen und zu kreieren, die Ihren eigenen Geschmack und Ihre Erfahrungen widerspiegeln. Ganz gleich, ob Sie traditionelle fidschianische Feste nachkochen oder fidschianisch inspirierte Gerichte auf Ihre eigene Art und Weise interpretieren, möge Ihre kulinarische Reise voller Freude, Geschmack und einem kleinen Hauch vom Paradies sein. Vinaka vakalevu (vielen Dank) und auf viele weitere köstliche Gerichte, die von der einzigartigen Fusion fidschianischen Geschmacks inspiriert sind.

www.ingramcontent.com/pod-product-compliance
Lightning Source LLC
Chambersburg PA
CBHW071309110526
44591CB00010B/840